Deliciosas
Frutas
Tropicales

Libro creado, desarrollado y editado
en Colombia por
© VILLEGAS EDITORES 1990
Avenida 82 No. 11-50, Interior 3
Conmutador 616 1788
Fax 616 0020 / 616 0073
Bogotá, D.C., Colombia
e-mail: villedi@cable.net.co

www.villegaseditores.com

Dirección y edición
BENJAMÍN VILLEGAS

Dirección fotografía de estudio
Liliana Villegas

Fotografía de estudio
Eliaju Ben Ephraïm

Fotografía exterior
Jorge Eduardo Arango

Mapas e ilustraciones
Hernán Cuervo

Diseño
Liliana Villegas
Benjamín Villegas

Diagramación
Mercedes Cedeño

Investigación e índices
Guillermo Vera

Asistente de producción
Germán Vallejo

Primera edición 1990
Segunda edición 1991
Tercera edición 2001

ISBN. Obra completa 958-9133-28-4
ISBN. 958-9138-59-4

La publicación de la primera edición de este libro,
contó con el generoso apoyo brindado por la
CORPORACION FINANCIERA DE CALDAS S.A.,
la FEDERACION NACIONAL DE CAFETEROS DE COLOMBIA
y el FONDO DE PROMOCION DE EXPORTACIONES - PROEXPO

El autor agradece de manera muy especial a las siguientes
personas sin cuya colaboración no habría sido posible
la realización de este libro:
Gloria Jaramillo de Vélez, Ligia González de Villegas,
Sofía Salazar, Lidy Gómez de Villegas,
Hilda Villegas de Gómez, Estela Upegui,
Clara Hoyos de Arbeláez, Clara Lucía Salazar de Villegas,
Alba María Jaramillo de Villegas, Ofelia Serna,
Polidoro Pinto, Pedro Shaio, Rosalía Castro,
Rafael Mejía, Mónica Jaramillo, Jaime Cañón.

A Marcelo, Sofía y Francisco.

LILIANA VILLEGAS

Deliciosas

Frutas
Tropicales

Villegas
editores

Contenido

3 Maracuyá - Granadilla - Curuba - Badea

4 Naranja dulce - Toronja - Mandarina - Limón

5 Breva - Mora - Uchuva
Tomate de árbol - Tamarindo - Guayaba

6 Banano ~ Plátano

7 Aguacate

8 Coco ~ Corozo ~ Chachafruto ~ Chontaduro ~ Borojó

9 Frutas combinadas

Había plantado el Señor Dios desde el principio un jardín delicioso en el que colocó al hombre que había formado y en donde, el Señor Dios, había hecho nacer de la tierra misma toda suerte de árboles hermosos a la vista y de frutos suaves al paladar.

(Génesis, Capítulo 2, versículo 8-9)

*N*o existe nada más exquisito, agradable y digestivo que las frutas frescas. Ricas en vitaminas, sales, minerales y fibra, con sus infinitos colores, olores y sabores son el complemento ideal de cualquier comida.

Las frutas involucran todos los sentidos: nos invaden con aromas fragantes e indefinibles matices de dulzura; con sabores indescriptibles que son a la vez dulce y ácido; con líquidas y suaves consistencias. Sus formas de colores cambiantes y texturas aterciopeladas, rugosas o peligrosamente espinosas, son alimento de la vida, alivio de dolencias, satisfacción de la sed y el apetito y fuente de fuerza y energía.

Al entrar al mundo de las frutas y sus inmensas posibilidades de transformación, descubrimos un universo de sensaciones y vivimos siempre una experiencia nueva y agradable.

Una de las maneras más deliciosa de comer frutas es al natural, pelándolas, partiéndolas, desgajándolas o, simplemente, dándoles un mordisco. Son un refrigerio sencillo, fácil de preparar y agradable en cualquier momento del día o de la noche. Algunas se pueden comer con cáscara y resultan, así, más nutritivas y saludables. Los entendidos recomiendan comenzar el día comiendo una fruta fresca con el fin de lavar y preparar el organismo. Para cada una hay un momento y un rito diferentes. Comerlas es placentero y cada cual deleita a su manera.

Las frutas se prestan a gran cantidad de usos en la cocina. Desde un sencillo dulce de almíbar hasta las más sofisticadas salsas que acompañan o aderezan platos exquisitos. Cualquier ensalada puede adquirir un toque inconfundible de sabor, y los licores, además del aroma, se embellecen con color. Nada más elegante que utilizar las mismas cáscaras de las frutas sirviéndonos de ellas como recipiente o sorprender a los invitados con una exótica sopa de frutas.

Es parte de la tradición de muchas mujeres la incorporación de las frutas a sus secretos de belleza, pues con ellas se preparan infinidad de mascarillas que relajan, embellecen, tonifican la piel y son la base de muchos complementos para la salud.

Un frutero será siempre un hermoso adorno para el comedor. Para organizarlo, se buscan las frutas que estén maduras y de bonito color, se lavan y, si se desea, se brillan. Se pueden combinar al azar porque, sin duda, se obtendrá una sinfonía de formas y colores.

El aspecto de las frutas es indicador de su calidad. Deben conseguirse aquellas que den la sensación de estar llenas, tengan bonito color y buen aroma. Generalmente una fruta arrugada, con moho o que se le escapen los jugos, no es de buena calidad. Al escoger las frutas se debe comparar el peso con el tamaño: las frutas grandes que pesan poco están resecas y por lo tanto carecen de jugo. Las frutas maduras pierden rápidamente sus nutrientes. Por ello, deben conseguirse en un punto de maduración que permita almacenarlas en lugares frescos y aireados.

Abrir las puertas de la creatividad en la cocina y ampliar las posibilidades de elaboración y presentación de nuestra comida, incorporando las frutas a nuestra dieta diaria como un alimento indispensable, mejorará nuestra alimentación y se embellecerá nuestra mesa. Cocinemos con frutas. ¡Qué delicia!

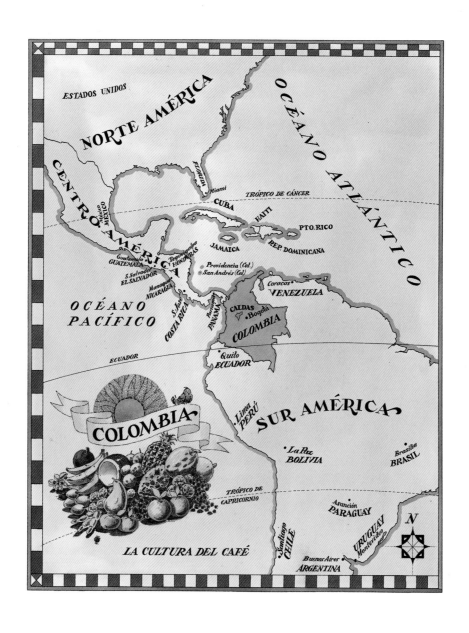

ESTADOS UNIDOS

NORTE AMÉRICA

OCÉANO ATLÁNTICO

FLORIDA

CENTRO AMÉRICA

Miami

TRÓPICO DE CÁNCER

México MÉXICO

CUBA

HAITÍ

PTO. RICO

JAMAICA

REP. DOMINICANA

Guatemala GUATEMALA

Tegucigalpa HONDURAS

Providencia (Col.)

San Andrés (Col.)

S. Salvador EL SALVADOR

Managua NICARAGUA

Caracas VENEZUELA

OCÉANO PACÍFICO

S. José COSTA RICA

Panamá PANAMÁ

CALDAS Bogotá

COLOMBIA

ECUADOR

Quito ECUADOR

COLOMBIA

Lima PERÚ

SUR AMÉRICA

La Paz BOLIVIA

Brasilia BRASIL

TRÓPICO DE CAPRICORNIO

Asunción PARAGUAY

N

LA CULTURA DEL CAFÉ

Santiago CHILE

URUGUAY Montevideo

Buenos Aires ARGENTINA

$\mathscr{L}$a región del Viejo Caldas, principal zona cafetera de Colombia, es también, una de las más ricas áreas del país por la variedad y calidad de sus frutales, que producen las más exquisitas frutas tropicales. Su epicentro es el Volcán Nevado del Ruiz que se alza majestuoso a más de 5.000 metros de altura sobre el nivel del mar.

Allá arriba, donde nace la montaña, nace la vida; se recogen las aguas más puras que bajan en ríos pequeñísimos de agua gélida unos y termales otros, a través de labradas camadas de piedra madre, y el pico que ruge es la fuente misma de ceniza y lava que fertiliza toda la tierra. Volcán amigo que destruye y renueva.

Descender por cualquiera de sus vertientes, desde el páramo hasta los ríos Magdalena o Cauca, es vivenciar casi todos los posibles suelos y climas del planeta en una síntesis de los microcosmos del mundo. Desde el bosque de niebla mismo, a lo largo del camino por las tierras frías, comienzan a surgir las frutas: moras, curubas, lulos, tomates de árbol, uchuvas, chachafrutos, feijoas, granadillas y brevas. Silvestres unas y cultivadas otras, todas ellas crecen en medio de un paisaje que descubre en la lejanía bosques primarios de vetustos cedros y robles, con troncos y ramas llenos de parásitas, orquídeas, quiches y anturios, rodeados de helechos y chusques. Es también el territorio de la palma de cera, árbol nacional de Colombia.

Llegando al clima medio las hojas de los platanales, los penachos de guadua y los carboneros, que alternan con inmensos árboles de maderas preciosas, rodean las ordenadas laderas sembradas de café. Un aire aromado relaja los sentidos. Es la tierra pródiga en melones y pitahayas, papayos, guayabos, naranjos, aguacates y matas de piña; es el trópico de los Andes, inmensamente rico en todas las especies vegetales y animales que como un verdadero paraíso terrenal es capaz de integrar muchas especies en un solo paraje.

Finalmente, el camino se abre y estamos en tierra caliente. Aquí las montañas se entregan a pequeñas llanuras entrecortadas por ríos cada vez mayores. El verde de la cercanía se agudiza y estalla en millones de tonos vibrantes. Sandías, mangos, limones, guanábanos, chirimoyos y tamarindos, crecen cercanos a las palmeras de cocoteros y corozos que al lado de las ceibas y palmas reales dan al hombre la sombra indispensable.

Por generaciones, toda esta región montañosa del Viejo Caldas, ha vivido ligada a la naturaleza, al orden impuesto por la producción agrícola, al ambiente natural y sano y a las frutas. La presencia de éstas en el paisaje ha sido permanente, aunque fue aún mayor cuando no se habían introducido las variedades de cafetos que no necesitan del sombrío, el cual, por lo general se lograba con árboles frutales, maderables y frondosos, que no sólo producían la sombra requerida sino que también aportaban ingresos complementarios y fruta fresca para todos.

Los frutales siempre han sido el orgullo de estas tierras y forman parte integral de su cultura. Aún hoy en día están llenos de frutas los mercados de los pueblos y las esquinas congestionadas de las pequeñas ciudades. Las cocinas siguen impregnadas de delicados aromas. Tal vez con ningún otro ingrediente resulta más variada la cocina caldense, ni más originales las recetas o más ingeniosos los procedimientos. Las conversaciones de sobremesa desembocan con frecuencia en animados coloquios sobre el tema, en los que se compara esta fruta con aquella, se describen sabores y sensaciones en una especie de diálogo regional que configura una geografía de las frutas donde cada zona se distingue por alguna de ellas.

Ahora que la siembra de frutales está adquiriendo, nuevamente, un auge importante en esta y otras regiones de Colombia, debería tenerse en cuenta que la diversidad del ecosistema tiene que restablecerse de una manera correcta para evitar estragos, plagas, deforestación, erosión, pérdida y contaminación de las aguas. La tradición de las arboledas mixtas de la región ha marcado un excelente precedente de bio-ética, que integra los criterios naturalistas acordes con la conciencia y la responsabilidad de un mundo que está en peligro.

Si miramos el potencial de las frutas tomando en cuenta todos estos factores, veremos alrededor de ellas una oportunidad inigualable de reordenamiento ecológico, una incalculable proyección económica, una deliciosa posibilidad de hacer más grata y saludable nuestra alimentación y comprobaremos, una vez más, que la riqueza frutícola de Colombia es uno de nuestros mayores tesoros y parte esencial de nuestras costumbres.

Índice de recetas

Bosque de Alisos en Manizales, Caldas.

Pitahaya

Acanthocereus pitajaya (Jacq.)
Dugand.

$\mathcal{E}$s una planta cactácea. Su constitución le permite resistir sequías. Es una fruta tropical originaria del continente americano y está distribuida desde las costas de la Florida hasta el sur del Perú. El término pitahaya es de procedencia haitiana y significa "fruta escamosa". En Colombia se puede cultivar desde el nivel del mar hasta los 1.800 m. pero su altura ideal está a partir de los 800 m.

Existen aproximadamente 18 variedades. Una de ellas, cuando madura, es amarilla, tiene pulpa blanca y multitud de semillas negras y pequeñas. Otra, que al madurar es roja tanto en su interior como en su exterior, aunque su aspecto es más apetecible, tiene menos sabor que la amarilla. Hay también especies nativas silvestres. La floración comienza con la iniciación de las lluvias, y las cosechas principales se dan según el régimen pluviométrico de cada región.

Es una fruta exquisita. Su principal uso está relacionado con la condición de fruta fresca. Se utiliza también en cocteles y refrescos. En los jardines, la planta se ha visto introducida como elemento de ornato, no sólo por el color siempre verde y la frescura de sus tallos, sino por la belleza y fragancia de sus flores.

Como todas las frutas, lleva gran proporción de agua. La pitahaya, además de carbohidratos, contiene fósforo, calcio y ácido ascórbico. A la gente le da temor comer pitahaya por la posibilidad de diarrea, pero esto no debe temerse pues la pitahaya ayuda a limpiar el organismo. De sus frutos verdes y maduros y de la parte aérea de la planta, se han aislado algunos productos químicos que tienen señaladas aplicaciones en la industria farmacéutica.

Es prácticamente imposible que una pitahaya sea perfecta pues sus picos exteriores se negrean con cualquier golpe; esto no le ocasiona daño alguno a la fruta ya que su piel es muy resistente. La pitahaya debe estar amarilla y dura pero no tiesa. Cuando empieza a arrugarse es síntoma de que se comienza a dañar. Se puede mantener, simplemente, en un lugar fresco, pero si se quiere conservarla por más tiempo se puede refrigerar.

100 g. de parte comestible contienen:	
Agua	85.4 g
Proteínas	0,4 g
Grasa	0,1 g
Carbohidratos	13.2 g
Fibra	0,5 g
Cenizas	0,4 g
Calcio	10 mg
Fósforo	16 mg
Hierro	0,3 mg
Vitamina A	0 U.I.
Tiamina	0,03 mg
Riboflavina	0,04 mg
Niacina	0,2 mg
Acido ascórbico	4 mg
Calorías	50 cal

Feijoa

Acca sellowiana (Berg.) Burret.

És originaria de Suramérica. Debe su nombre a don José de Silva Feijo, botánico y director del Museo de Historia Natural de Madrid en la época colonial, y el epíteto sellowiana proviene de Friedrich Sellow, botánico alemán que exploró el Brasil en el siglo XIX.

Se produce entre los 2.000 y los 2.700 m. de altura, y cuando el arbusto ha superado los cinco años tiene una producción casi permanente.

Hay dos variedades: Triunfo y Mammoth.

Conserva todo su aroma, cruda o cocinada. Se puede utilizar en ensaladas de frutas o de verduras, pero sin exagerar la cantidad ya que su sabor es muy intenso y tiende a predominar. Combina muy bien con papaya, banano, naranja y fresa. Es deliciosa en cualquier tipo de postres, esponjados, helados y jugos. Aunque su cáscara es deliciosa, muchas veces se prefiere pelada para obtener una textura más suave. Su aroma y sabor, agradables y seductores, hacen que tenga buena acogida y gran demanda.

El principal país exportador es Nueva Zelanda. En California se han estado haciendo ensayos de su cultivo desde comienzos de este siglo, pero se continúa hablando de ella como de una fruta nueva. En realidad, la feijoa estuvo relegada por muchos años y sus árboles se desarrollaron solamente como ornamentales, especialmente en

climas fríos. Hoy en día no se duda de sus magníficas cualidades y se considera un producto de gran desarrollo potencial. La feijoa posee un alto contenido en carbohidratos.

Cuando no está madura es ácida, pero en el momento de madurez es dulce. Debe conservar todo su aroma, estar firme, sin partes negras ni comeduras de insectos. Para acelerar su maduración se puede envolver en papel periódico. Cuando haya madurado se puede guardar en la nevera por dos o tres días. También se puede convertir en puré y congelar.

100 g. de parte comestible contienen:	
Agua	82,6 g
Proteínas	0,9 g
Grasa	0,0 g
Carbohidratos	11,9 g
Fibra	1,0 g
Cenizas	3,6 g
Calcio	36 mg
Fósforo	16 mg
Hierro	0,7 mg
Vitamina A	0 U.I.
Tiamina	0,04 mg
Riboflavina	0,04 mg
Niacina	1,0 mg
Acido ascórbico	4 mg
Calorías	46 cal

Chirimoya

Annona cherimolia (Lam.) Mill.

$\mathscr{E}$s oriunda de Colombia y de Perú. En la actualidad su cultivo se ha extendido a las Antillas, Guayana y Venezuela, siempre en climas medios entre los 1.500 y 2.000 m. de altitud.

Hay diferentes variedades, segun las características de sus frutos. Las llamadas Concha Lisa, Bronceada, Terciopelo y la Pícula se encuentran entre las más conocidas, siendo tal vez esta última la más agradable al paladar.

Por su sabor exquisito se prefiere consumirla al natural, a temperatura fría o al clima. Se recomienda llevarla a la mesa entera para el final de la comida. Media chirimoya por persona es más que suficiente.

Es, para muchos, la más deliciosa de las frutas por su dulce aroma y suave textura. Haenke la llamó "obra maestra de la naturaleza y delicia misma". Es una fruta fresca y digestiva.

Se conoce por su aroma. Debe estar madura, antes de comerla pues una vez separada del árbol ya no madura bien. Su piel debe ser de color verde opaco, suave al tacto pero no demasiado blanda y sin partes duras.

No se debe guardar en la nevera porque se negrea, pero sí se puede refrigerar un rato antes de servirla y estará deliciosa para comer.

100 g. de parte comestible contienen:	
Agua	77,1 g
Proteínas	1,9 g
Grasa	0,1 g
Carbohidratos	18,2 g
Fibra	2,0 g
Cenizas	0,7 g
Calcio	32 mg
Fósforo	37 mg
Hierro	0,5 mg
Vitamina A	0 U.I.
Tiamina	0,10 mg
Riboflavina	0,14 mg
Niacina	0,9 mg
Acido ascórbico	5 mg
Calorías	73 cal

Mango

Mangifera indica L.

$\mathscr{E}$s nativo del este del Asia, desde donde se diseminó por los demás países tropicales del mundo.

En Colombia existen variedades que se han desarrollado desde hace más de tres siglos. Algunas de éstas, muy apetecidas en la actualidad, son las mangas, excelentes para jugos, los inmensos y suculentos mangos rojos y el pequeño y delectable mango de azúcar.

Existen dos grupos de variedades: las Hindú, que se consideran nobles y que cuentan unas mil variedades, y las Indochina, consideradas salvajes. En el grupo Hindú, la variedad Mulgoba es la más representativa mientras que la Camboya lo es del grupo Indochino. Cada grupo posee sus características peculiares: mientras que los especímenes hindúes tienen forma generalmente redonda, color rojo, púrpura o amarillo, sabor dulce y poco ácido, los indochinos, que llamamos mangas, presentan una forma más alargada que ancha, color amarillo verdoso y sabor dulce con algo de acidez. La altura ideal para su cultivo es entre los 600 y los 800 m.

Además de ser un fruto de sabor insuperable, el mango le suministra al hombre carbohidratos, vitaminas y minerales. Se come al natural, en jugos, ensaladas, helados, mermeladas, esponjados, soufflés y en el célebre "mango chutney", excelente para acompañar pan, verduras, carnes y aves. El mango posee un alto contenido de agua, azúcar y fibra; es también rico en hierro, calcio y fósforo asimilables. Industrialmente se procesa en pulpa, jugos, encurtidos y tajadas en almíbar.

De la pepa del mango —molida, lavada hasta remover los taninos y ya seca— se obtiene una harina de valor alimenticio comparable con las harinas de arroz, que bien puede hacer parte de las mezclas para alimentar animales.

Su piel debe ser delgada, bien adherida a la carne y firme al tacto. No debe presentar partes duras, oscuras o con huecos debidos a daños, enfermedades o mal manejo de la fruta.

Los mangos son delicados, se conservan unos pocos días en un lugar fresco, pero lo mejor es guardarlos en la nevera.

100 g. de parte comestible contienen:	
Agua	81,8 g
Proteínas	0,5 g
Grasa	0,1 g
Carbohidratos	16,4 g
Fibra	0,7 g
Cenizas	0,5 g
Calcio	10 mg
Fósforo	14 mg
Hierro	0,4 mg
Vitamina A	1.100 U.I.
Tiamina	0,04 mg
Riboflavina	0,07 mg
Niacina	0,4 mg
Acido ascórbico	80 mg
Calorías	58 cal

Lulo

Solanum quitoense Lam.

100 g. de parte comestible contienen:	
Agua	92,5 g
Proteínas	0,6 g
Grasa	0,1 g
Carbohidratos	5,7 g
Fibra	0,3 g
Cenizas	0,8 g
Calcio	8 mg
Fósforo	12 mg
Hierro	0,6 mg
Vitamina A	600 U.I.
Tiamina	0,04 mg
Riboflavina	0,04 mg
Niacina	1,5 mg
Acido ascórbico	25 mg
Calorías	23 cal

$\mathcal{C}$rece casi silvestre en Colombia en climas cálidos y medios hasta los 1.900 m. de altitud. Se le llama lulo o naranjilla. Se produce durante todo el año.

Con excepción de quienes tienen gusto por las frutas ácidas, generalmente se le prefiere mezclado con azúcar, en jugos, helados y otras preparaciones, donde siempre da un resultado sorprendente.

Además del agua, que contiene en alta proporción, también se compone de proteínas, fósforo, niacina, ácido ascórbico, calcio y hierro.

Produce tal vez uno de los mejores jugos para dar energía y calmar la sed. Se recomienda enfriarlo.

Debe ser de buen tamaño; se puede consumir verde o maduro, pero si está demasiado verde no da jugo. Lo ideal es que esté duro y libre de huecos negros u otros daños.

Se deben conservar en un lugar fresco o en la nevera.

Zapote

Matisia cordata H. & B.

$\mathcal{E}$s una especie nativa de los Andes colombianos. Nace silvestre pero también se cultiva en los climas cálidos y templados hasta los 1.500 m. sobre el nivel del mar.

El zapote es una fruta muy agradable y de sabor suave; difícil de comer por ser muy fibrosa, por lo mismo, es excelente fuente de fibra que no se digiere sino que limpia el intestino. Su color es hermoso, característico, y es tenida por una fruta muy exótica.

Las hojas del árbol se utilizan en el Pacífico colombiano para fabricar sombreros. El aceite de las semillas fue empleado por los indígenas mexicanos para mejorar el cabello y para darle sabor al chocolate.

Para escoger un zapote lo mejor es buscar un fruto duro que no sea más grande que la palma de la mano, pues aunque los hay hasta de cincuenta centímetros de diámetro, los más pequeños son los más gustosos, mientras los muy grandes llegan a resultar insípidos.

Es muy difícil de conservar pues se deteriora en pocos días.

100 g. de parte comestible contienen:	
Agua	85,1 g
Proteínas	1,1 g
Grasa	0,1 g
Carbohidratos	12,4 g
Fibra	0,6 g
Cenizas	0,7 g
Calcio	25 mg
Fósforo	32 mg
Hierro	1,4 mg
Vitamina A	1.000 U.I.
Tiamina	0,05 mg
Riboflavina	0,09 mg
Niacina	0,4 mg
Acido ascórbico	20 mg
Calorías	49 cal

chirimoya con yogur y müesli.

2 personas

1 chirimoya
Yogur
Müesli

Se parte la chirimoya en dos.
Se retira con una cuchara un
poco de pulpa del centro. Se
despepa, se pica y se pone
nuevamente en su concha. Se
cubre con yogur y müesli.
La chirimoya se puede poner
en la nevera 1 hora antes de
servirla.

Esta es una deliciosa
variación para un desayuno
de cereal, yogur y fruta.

turrón de chirimoya.

1 libra de pulpa de chirimoya
1 1/2 libras de azúcar común
3 cucharadas de jugo de
limón
Obleas
Uvas pasas
Cáscaras de cítricos
desamargadas
Almendras
Corozos

En una vasija de fondo grueso se coloca la pulpa de la chirimoya con el azúcar y el jugo de limón. Se cocina a fuego medio hasta que dé punto de bola*. Se revuelve constantemente para que no se pegue. Se deja reposar un momento. Para armar el turrón se coloca un tendido de obleas, una capa de chirimoya y encima los ingredientes restantes finamente picados. Así sucesivamente. Se tapa con obleas. Se presiona un poco.

Se deja enfriar unas 4 horas en la nevera y luego se parten los turrones.

Variaciones: se puede cambiar la chirimoya por guanábana o anón. Los ingredientes anexos son opcionales, puede también llevar maní, pistachos, frutas cristalizadas, etc.
En lugar de obleas, se baten dos claras de huevo a punto de nieve con dos cucharadas de azúcar. Se mezclan con la fruta y se colocan en un

molde húmedo. Se lleva a la nevera y es conocido como "queso de guanábana" o "queso de chirimoya".

* Ver pág. 80

esponjado de feijoa.

6 personas

1 libra de feijoas
3 cucharadas de jugo de
limón
1/2 taza de azúcar
3 sobres de gelatina sin sabor
4 huevos
Aceite de almendras

Se remoja la gelatina en 1/2
pocillo de agua fría y luego se
disuelve en 1/2 pocillo de
agua caliente. Se licúan las
feijoas a medio pelar con el
mínimo de agua necesario y
el jugo de limón. Se ciernen
bien, se mezclan con la
gelatina y se refrigeran por
10 minutos. Se sacan y se
vuelven a batir. Aparte se
baten las claras a punto de
nieve y se les agrega el
azúcar y las yemas. Esto se le
añade a la mezcla de feijoas
en forma envolvente y se

vierte en un molde engrasado
con el aceite de almendras.
Se lleva a la nevera hasta que
cuaje.
Se decora con flores de feijoa
y se acompaña con la
siguiente salsa:

salsa de feijoa.

6 feijoas peladas
2 tazas de agua
1 taza de azúcar
El jugo de 1/2 limón

Se licúan las feijoas con el
agua y se cuelan. Se ponen a
conservar con el azúcar hasta
que den punto de hilo* y se les
agrega el limón.

* Ver pág. 80

espuma de naranja con salsa de feijoa.

2 tazas de jugo de naranja
1 libra de azúcar
1 taza de agua
2 1/2 sobres de gelatina sin sabor
4 claras de huevo batidas a la nieve

Se prepara un almíbar con el azúcar y 1 taza de agua hasta que dé punto de bola*. Se disuelve la gelatina en un poquito de agua fría y se le mezcla al almíbar. Se retira del fuego y se agrega el jugo de naranja. Se bate con la batidora hasta que se integre. Se le añaden las claras en forma envolvente y se vierte en un molde ligeramente aceitado. Se lleva a la nevera y cuando cuaje, se desmolda. Se cubre con la siguiente salsa:

salsa de feijoa.

Estas feijoas se pueden servir como dulce o encima de un helado.

12 feijoas
1 taza de miel de abejas
1 taza de agua
1 taza de jugo de naranja

Se licúan 6 feijoas con la cáscara y el agua y las demás se cortan en rodajas finas. Se mezcla todo y se pone a conservar, a fuego medio, hasta que las feijoas estén brillantes y el almíbar dé punto de hoja*.

* Ver pág. 80

30

pitahaya sobre hielo.

La pitahaya es una fruta exótica y exquisita. Su sabor es tan delicado que la forma ideal para degustarla es al natural. Servirla sobre hielo picado, la hace ver provocativa y refrescante. Preséntela en rodajas o cortada por la mitad y en su propia cáscara.

soufflé de mango.

2 personas

*3/4 de taza de puré de mango
(1 mango grande)
1 cucharada de jugo de limón
3 claras de huevo
Sal y azúcar al gusto*

Se precalienta el horno a 200°. Se engrasa un molde para soufflé y se espolvorea con azúcar. Se pone el puré de mango al fuego con el azúcar, el jugo de limón y la sal y se revuelve constantemente, hasta que espese y suavice. Se retira del fuego. Se baten las claras a punto de nieve que no queden muy secas y se agregan a la pulpa caliente. Se vierte en el molde y se lleva al horno a 350° por 30 minutos. Se sirve inmediatamente.

Se puede acompañar con la siguiente salsa:

salsa de mango verde.

*1 taza de azúcar
1 taza de yogur sin dulce
2 claras de huevo
1/2 taza de crema de leche
2 mangos verdes pelados*

Se licúa 1 mango con 1/2 taza de azúcar y el yogur. Se baten las claras a punto de nieve con el azúcar restante. En una vasija aparte se bate la crema de leche, se le añaden las claras y por último la mezcla de mango. El otro mango se pica finamente y se le agrega la salsa.

bizcochitos de pitahaya.

2 personas

8 bizcochitos de masa de
hojaldre*
Salsa de feijoa
1 pitahaya pelada y partida
en rodajas

Se abren los bizcochitos por
la mitad y se coloca una
rodaja de pitahaya en el
medio. Sobre un plato se
vierte la salsa y encima se
disponen los bizcochitos.

salsa de feijoa.

1 taza de azúcar
1 taza de yogur sin dulce
El jugo y la ralladura de 2
limones
2 claras de huevo
1/2 taza de crema de leche
espesa
4 feijoas grandes ligeramente
peladas
El jugo de 1 limón

Se licúan las feijoas con el
jugo de limón, la mitad del
azúcar, la ralladura de limón
y el yogur. Se baten las
claras a punto de nieve y se
les agrega el azúcar restante.
En una vasija aparte se bate
la crema de leche con un cubo
de hielo hasta que haga
arrugas. Se le añaden las
claras y la mezcla de feijoas.
Se mete en la nevera. Se debe
batir un poco antes de
servirla.

* Ver pág. 109

gelatina de mango.

2 tazas de jugo de mango
colado
1 libra de azúcar
1 taza de agua
6 sobres de gelatina sin sabor
4 huevos batidos

Se prepara un almíbar con el
azúcar y 1 taza de agua hasta
que dé punto de bola*. Se
desata la gelatina en un
poquito de agua fría y se le
mezcla al almíbar. Se retira
del fuego y se agrega el jugo.
Se bate con la batidora hasta
que se integre. Se le añaden
los huevos batidos y se vierte
en un molde ligeramente
aceitado. Se lleva a la nevera
y cuando cuaje se desmolda.

* Ver pág. 80

mango chutney.

3 libras de mangos pelados y
partidos en trozos
2 libras de azúcar
1/2 libra de uvas pasas
10 dientes de ajo
4 clavos
2 pimentones rojos finamente
picados
2 cucharaditas de sal
3 tazas de vinagre de frutas

Se hierve todo junto sin el
azúcar hasta que el pimentón
y el mango estén blandos. Se
añade el azúcar y se deja
hervir a fuego medio durante
40 minutos. Se deja enfriar y
se empaca en frascos
esterilizados*.

El Chutney es una deliciosa
salsa agridulce que se sirve
para acompañar platos al
curry, o cerdo. También se
puede utilizar como
mermelada.

* Ver pág. 168

ensalada de pollo con pitahaya.

4 personas

3 pitahayas peladas y
partidas en rodajas
Lechuga
2 pechugas cocinadas y
picadas
1/4 de taza de mayonesa de
aguacate*

Se desmenuza el pollo y se
mezcla con la mayonesa. Se
coloca sobre hojas de lechuga
en platos individuales y se
decora con las rodajas de
pitahaya.

Este es un plato ideal para la
hora del té.

* Ver pág. 142

medallones de pechuga a la mariquiteña.

6 personas

6 pechugas
3 cucharadas de harina de trigo
1 cucharada de salsa negra
3 tazas de aceite
1/2 libra de queso amarillo
Sal y pimienta al gusto

Se deshuesan las pechugas y se golpean un poco para ablandarlas. Se adoban con la salsa negra, sal y pimienta. Se les pone un pedazo de queso en el centro, se enrollan y se aseguran los extremos, con palillos de madera, para que no se abran. Se pasan por la harina y se fríen en el aceite bien caliente. Se cortan en medallones y se bañan con la siguiente salsa caliente:

salsa de mango.

12 mangos de azúcar maduros
1 cucharada de mantequilla
1/4 de taza de azúcar
1 1/2 cucharadas de maizena disueltas en 1/4 de taza de agua

Se saca la pulpa de los mangos. Se pone al fuego y se revuelve con una cuchara de madera hasta que hierva. Se agrega la maizena, la mantequilla y el azúcar. Se deja hervir durante 10 minutos.

Si tiene que improvisar una comida y quiere lucirse, este es el plato ideal.

tarta de lulo.

8 personas

masa para tarta.

1 1/2 tazas de galletas macarenas o maría, desmigajadas
6 cucharadas de mantequilla derretida
1 1/2 cucharaditas de canela en polvo (opcional)

Se mezclan todos los ingredientes hasta formar una masa. Se pone en el molde y se presiona con los dedos hasta forrar el fondo y los lados. Se lleva a la nevera mientras se prepara el relleno.

Es un postre exquisito, rápido de preparar, para un almuerzo o una comida informal.

crema de lulo.

1 tarro grande de leche condensada
1 taza de jugo concentrado de lulo
3 cucharadas de azúcar
3 huevos separados.
1/2 cucharadita de cremor tártaro

Se baten las yemas hasta que estén cremosas y pálidas. Se les agrega la leche condensada, el jugo de limón y el concentrado de lulo. Se pone al fuego y se revuelve hasta que la crema esté espesa. Se retira del fuego. Se baten las claras a punto de nieve con el cremor tártaro y el azúcar. Poco a poco se incorporan las claras a la crema de lulo en forma envolvente. Se vierte encima de la masa y se lleva a la nevera hasta que endurezca.

nieve de lulo.

6 personas

6 lulos
Azúcar al gusto
1 copita de Triple sec

Es el conocido "sherbet" o "sorbet" que se sirve después de una entrada para cortar el sabor y pasar al plato fuerte. Usualmente se prepara con champaña o con una fruta ácida.

Se hace un jugo de lulo con azúcar al gusto y se le mezcla el licor. Se pone a congelar. Se saca varias veces y se bate suavemente con la batidora. El objetivo de este proceso es evitar la cristalización y lograr una consistencia espumosa. Se sirve en copas de champaña. Se puede acompañar con pétalos de rosa azucarados.

pétalos de rosa azucarados.

Pétalos de rosa de varios colores
1 cucharada de goma arábiga en polvo
2 cucharadas de agua de rosas
Azúcar granulada

Se espolvorea una bandeja plana con azúcar granulada y cernida varias veces. En una taza se mezcla la goma con el agua de rosas. Se pintan los pétalos. Se colocan sobre la bandeja azucarada y se rocían por encima con más azúcar, luego se pasan a una rejilla metálica y se llevan al horno, apenas caliente, hasta que sequen bien.

jugo de zapote.

El zapote es una deliciosa fruta que se puede comer en su forma natural y se sirve abierta en forma de flor como lo muestra la fotografía.

Su pulpa se puede utilizar para preparar un delicioso jugo o sorbete.

Se abre un zapote, se sacan las pepas y toda la pulpa de las cáscaras. Se pone la fruta en un colador. Se agrega media taza de agua o de leche poco a poco y se revuelve con una cuchara de madera hasta que las pepas estén completamente peladas.

Se endulza al gusto, se bate y se sirve en copas redondas con hielo finamente picado.

Cámbulos en flor y cafetales antiguos en Risaralda, Caldas.

Piña

Ananas sativus Shultz.

La piña, llamada así porque los españoles la vieron como un piñón grande, es originaria de Brasil y Paraguay. Su nombre guaraní es "ananá". Los hombres que llegaron con Cólon a Guadalupe en 1493 debieron sorprenderse al cortar esta fruta con púas, de aspecto resistente, y encontrar un interior amarillo encendido que parecía un sol comestible, una fruta dulce y aromática pero también mordiente. Ya en el siglo XVII la piña se había establecido en la mayoría de las regiones tropicales del mundo. Es una fruta que satisface tanto la sed como el hambre.

Se conocen cerca de 80 variedades de piña, la mayoría de las cuales extraen agua directamente de la atmósfera, por lo cual esta fruta resiste bien los parajes secos localizados hasta los 1.200 m. sobre el nivel del mar. Las variedades mejor conocidas son la Perolera, Cayena, Piamba, de Agua y Huitota.

La fruta madura tiene gran cantidad de azúcar, mientras que la verde no. Contiene, además, una sustancia llamada bromelina, fermento que digiere las proteínas y le confiere la propiedad de ser digestiva y —paradójicamente pues es una fruta ácida— de ayudar a combatir la acidez estomacal mediante la producción de sales básicas.

La piña es muy buen ingrediente para ensaladas de frutas y de ella se hace un jugo que deleita. En muchas recetas, esta fruta le da un sabor especial a diversas carnes. Como relleno en dulces, tortas y pasteles, como helado o sorbete, la piña es excelente. El corazón de la fruta —que es nutritivo— se usa también para preparar dulces y confites.

La cáscara macerada en agua con panela produce un fino vinagre o un jugo astringente llamado guarapo. Si se deja fermentar con azúcar pasa a ser bebida diurética de grato sabor. Si se conserva en agua, se vuelve mucilaginosa y se aplica como fijador para el cabello y para las crines de los caballos. Hay un remedio indígena para los cálculos biliares: 1 vaso de jugo de piña mezclado con otro medio vaso de aceite de olivas para dos tomas: a la noche y a la mañana. Las hojas de esta fruta también son útiles, pues de ellas se extrae una fibra blanca, fina y brillante, de la que se hacen trenzados y tejidos resistentes.

Al seleccionarla debe estar completamente sana; cualquier desperfecto es razón suficiente para rechazarla. Además el color debe ser pintón, la fruta no debe estar dura, debe percibirse un grato aroma y los "ojos" han de ser grandes.

100 g. de parte comestible contienen:	
Agua	85,1 g
Proteínas	0,4 g
Grasa	0,1 g
Carbohidratos	13,5 g
Fibra	0,5 g
Cenizas	0,4 g
Calcio	21 mg
Fósforo	10 mg
Hierro	0,4 mg
Vitamina A	0 U.I.
Tiamina	0,09 mg
Riboflavina	0,03 mg
Niacina	0,2 mg
Acido ascórbico	12 mg
Calorías	51 cal

Papaya

Carica papaya L.

Es una fruta americana, originaria de climas cálidos y templados hasta los 1.600 m. de altura. Se ha extendido a muchos países y latitudes y es uno de los alimentos básicos de la América tropical.

Hay 71 especies distribuidas en cuatro géneros. Son oriundas del trópico americano, especialmente de los valles húmedos de la costas pacíficas de Colombia y Ecuador; salvo la papaya "Cyclicomorfa" que proviene de Africa. Cada especie da frutos de diferente tamaño, desde las papayas pequeñas que alcanzan para satisfacer a una sola persona, hasta algunas enormes que miden medio metro de largo por 30 cm. de diámetro.

Se puede comer al natural, rociarla con unas gotas de limón o naranja, incluirla en una buena ensalada de frutas o hacer de ella un jugo tan refrescante como sustancioso. Una tajada de papaya y un pocillo de café al despertar dará frescura y energía para comenzar el día. Para algunos la sal mejora su gusto.

La papaya verde contiene papaína, enzima que descompone la proteína, ayuda a la digestión y sirve para ablandar la carne. La papaína se obtiene también de un látex que sale al hacer incisiones en la cáscara de la papaya. Es una fruta diurética y purifica el sistema digestivo. Una dieta de un día en que se come sólo papaya es excelente para limpiar y,

proporcionarle descanso al organismo.

La cáscara de papaya, con algo de pulpa, es un excelente hidratante para la piel, incluyendo la cara. Se puede dejar unos minutos y luego lavarse muy bien con agua y jabón.

Las semillas de papaya madura pueden emplearse como condimento si se limpian y se muelen bien; se les da el primer día un hervor con vinagre suficiente para mojar la masa y al día siguiente otro. De esta forma adquieren un sabor parecido al berro y un picante similar a la mostaza.

El punto de maduración y el color son fundamentales en su escogencia. Para comer de inmediato, la papaya debe estar firme al tacto pero no dura; el color debe ser "amarillento" y, naturalmente, debe estar sana. Como se trata de un fruto delicado se debe cosechar evitando los golpes. Para que no se deshidrate rápidamente, se debe procurar que quede un trozo de pedúnculo adherido cuando se corta de la planta.

La papaya es uno de los pocos frutos que se pueden comprar verdes para dejarlos madurar en casa. Para acelerar su madurez se le pueden hacer incisiones superficiales para que salga el látex, y luego ponerla durante un rato al sol. Para conservar una papaya se debe colocar en un lugar fresco o en la nevera, a 13 grados centígrados, temperatura ideal que retarda la maduración sin dañar el fruto. A una temperatura inferior a los 10 grados los frutos fallan en su maduración.

100 g. de parte comestible contienen:	
Agua	90,0 g
Proteínas	0,5 g
Grasa	0,1 g
Carbohidratos	8,1 g
Fibra	0,8 g
Cenizas	0,5 g
Calcio	25 mg
Fósforo	12 mg
Hierro	0,3 mg
Vitamina A	700 U.I.
Tiamina	0,03 mg
Riboflavina	0,02 mg
Niacina	0,3 mg
Acido ascórbico	75 mg
Calorías	30 cal

Melón

Cucumis melo L.

*L*as cucurbitáceas se propagaron hace varios milenios en Asia y Africa. Tan antiguo es su cultivo que en un Cuerno de la Abundancia pintado sobre un vaso, procedente de Alejandría, figuran melones junto con otros frutos. Los griegos cultivaban el melón en el siglo III a. C., y en Europa era muy popular en el siglo XV, en cuyas postrimerías fue introducido en las Antillas, y de allí pasó a toda América tropical, pues es propio de los climas cálidos.

Hay diferentes clases de melones; las variedades comerciales se dividen en reticulados y cantalupos. Entre las primeras sobresalen el "Golden Delight", el "Gold Cup" y el "Hale's Best". Entre los segundos el "Verde Trepador", el "Cantalupo Charentais" y el "Cantalupo de Bellegarde".

Normalmente, el melón es una fruta aromática, exquisita y nutritiva. Calma la sed e irriga el organismo. Una tajada será siempre bienvenida a la hora del desayuno, al refrigerio de la mañana, como entrada en el almuerzo o al finalizar una comida. Como muchas otras frutas, tiene efectos orgánicos suaves, que en este caso son diuréticos y calmantes.

En términos generales, deben tener un aroma agradable; el color ideal cambia según la variedad, pero no se debe escoger un melón muy verde porque madura mal. Para saber si está suficientemente maduro se puede presionar por el ápice, que debe estar ligeramente más blando que el resto de la fruta. Se deben almacenar en un lugar fresco o en la nevera.

100 g. de parte comestible contienen:	
Agua	94,6 g
Proteínas	0,3 g
Grasa	0,0 g
Carbohidratos	4,1 g
Fibra	0,5 g
Cenizas	0,5 g
Calcio	13 mg
Fósforo	14 mg
Hierro	0,2 mg
Vitamina A	130 U.I.
Tiamina	0,02 mg
Riboflavina	0,01 mg
Niacina	0,4 mg
Acido ascórbico	22 mg
Calorías	16 cal

Sandía

Citrullus vulgaris Schrader.

*L*as sandías son consideradas como originarias de Africa pero sobre este asunto no hay uniformidad de opinión. Algunos bajorrelieves y esculturas permiten suponer que las sandías fueron cultivadas en el Valle del Nilo en tiempos de los faraones. Linneo, sin embargo, la tiene como procedente de Italia meridional y otros la consideran originaria de la India. En cualquier caso, crece con facilidad en los climas cálidos.

El color de la pulpa es generalmente rojo, aunque, según la especie, puede tener varias tonalidades. En tiempos pasados también fueron cultivadas sandías con carne amarilla. Las semillas, numerosísimas, son de color pardo, negruzco, jaspeadas o completamente negras.

Existen tres tipos fundamentales: las de fruto esférico dentro de las cuales se distinguen la "Sugar Baby", relativamente pequeña, piel verde oscura y pulpa roja bastante azucarada, la "Diamante Negro" que puede alcanzar 20 kg. de peso y la "Mijako" de piel verde clara, variadamente estriada; las de grandes frutos ovoidales y jaspeados como la "Charleston Gray", la "Klondike Striped" o la "Dixie Queen" y, finalmente, las ovoidales, de tamaño menor y peso alrededor de 5 a 6 kg, como la "Sweetmeat", de pulpa muy perfumada y dulce, especialmente apreciada por su escasa producción de semillas.

El elevado contenido de agua de la sandía no crea problema alguno para mantener el peso apropiado de quienes la disfrutan.

Esta fruta es excelente para calmar la sed y su jugo, ligeramente refrigerado, no necesita endulzarse y es de sabor muy delicado. También queda muy bien en ensaladas de frutas. De la cáscara se hace un encurtido muy especial.

Debe estar dura, firme y ser de buena forma. Un lado debe estar más coloreado que el resto de la fruta. Una vez abierta, es muy fácil ver la calidad: la pulpa debe ser jugosa, de color rosado profundo, sin manchas blancas y con semillas oscuras y brillantes.

Se guarda en un lugar fresco o se puede refrigerar. Es muy importante recordar que esta fruta después de abierta sólo se puede conservar en la nevera por muy poco tiempo, pues si se daña se vuelve venenosa.

100 g. de parte comestible contienen:	
Agua	95,7 g
Proteínas	0,4 g
Grasa	0,0 g
Carbohidratos	3,4 g
Fibra	0,3 g
Cenizas	0,2 g
Calcio	4 mg
Fósforo	5 mg
Hierro	0,3 mg
Vitamina A	300 U.I.
Tiamina	0,02 mg
Riboflavina	0,01 mg
Niacina	0,1 mg
Acido ascórbico	7 mg
Calorías	12 cal

Guanábana

Annona muricata L.

La guanábana es originaria de América tropical. A la llegada de los conquistadores españoles se encontró que los habitantes la consumían, desde Perú hasta México. Algunos afirman que la guanábana procede de Centroamérica, particularmente de Guatemala o el sur de México. Prospera desde el nivel del mar hasta los 1.800 m.

No existen variedades definidas pero ciertas características las diferencian unas de otras según las espinas carnosas, el tamaño del fruto, la forma de las hojas y la altura del árbol.

Es una fruta muy fina, con una pulpa sustanciosa, rica de morder y que mezcla el gusto dulce con el ácido. Se come al natural, quizá refrigerada, y de ella se elaboran deliciosos postres como esponjados y helados.

Debe sentirse un poco blanda; si tiene partes duras no tendrá una maduración pareja.

La guanábana es una fruta que se descompone rápidamente cuando está madura, se ha golpeado o roto.

Si se tiene una guanábana a punto, se pueden sacar las pepas y añadir a la pulpa 1 taza de azúcar por 6 de pulpa; luego se puede guardar en talegos plásticos cerrados herméticamente. Si por el contrario se necesita acelerar su proceso de maduración, se puede meter en un recipiente con agua,

asegurándose de que el pezón quede sumergido dentro de ella.

Para aumentar el aroma de la guanábana es aconsejable añadirle unas gotas de jugo de limón.

100 g. de parte comestible contienen:	
Agua	83,4 g
Proteínas	1,1 g
Grasa	0,2 g
Carbohidratos	13,0 g
Fibra	1,6 g
Cenizas	0,7 g
Calcio	22 mg
Fósforo	28 mg
Hierro	0,4 mg
Vitamina A	0 U.I.
Tiamina	0,04 mg
Riboflavina	0,07 mg
Niacina	0,9 mg
Acido ascórbico	25 mg
Calorías	52 cal

helado de guanábana.

2 tazas de pulpa de
guanábana.
1 frasco mediano de crema de
leche.
1 tarro de leche condensada.
El jugo de 1/2 limón.
3 claras de huevo batidas a
punto de nieve.
Ralladura de limón.

Se mezclan los ingredientes
sin las claras en la licuadora,
se coloca la mezcla en un
molde y se lleva al congelador
durante 20 minutos. Luego se
saca, se bate de nuevo con la
batidora y se le agregan las
claras en forma envolvente
con una cuchara de madera.
Se pone en moldes
individuales, se adornan con
la ralladura y se vuelven a
poner en el congelador. Se
deben sacar 10 minutos antes
de servirlos.

jugo de sandía.

8 personas

1 sandía
El jugo de 1 limón
Azúcar al gusto
1/2 botella de soda

Se le quita la tapa a la sandía. Se saca la pulpa, en forma de bolas, se quitan las semillas y el resto de la pulpa se licúa con el azúcar, la soda y el limón. Se mete en el congelador durante 1 hora. Inmediatamente antes de servir se pone en la concha de la sandía.

Una buena manera de utilizar las frutas, es servirnos de su concha para una bonita presentación.

encurtido de sandía.

1 sandía mediana
1/2 taza de sal
2 1/2 tazas de vinagre
2 tazas de azúcar
2 clavos de olor
1 astilla de canela
2 cucharadas de nuez
moscada

Se quita la pulpa rosada de la sandía y se parte la corteza en pequeños trozos. Se cubre con agua y se deja hervir por 5 minutos. Se escurre y se deja enfriar. Se le quita la piel y cualquier remanente de pulpa roja. Se deben tener 8 tazas de pulpa. Se mezcla la sal con 3 tazas de agua fría y se pone sobre la sandía. Se deja a temperatura ambiente durante 6 horas. Se cuela y se lava con agua fría. Se seca y se deja cubierta nuevamente con agua fresca. Se pone a

hervir hasta que esté suave. Se le mezcla el vinagre, la taza de agua y el azúcar y se le agregan los clavos de olor, la nuez moscada y la canela empacados en una bolsita de tela. Se hierve hasta que el azúcar esté disuelta. Se agrega la sandía y se deja conservar hasta que esté transparente. Se retira la bolsa y se empaca en frascos esterilizados*.

Esta salsa agridulce se utiliza para acompañar platos de sal o de dulce. Sobre una hamburguesa, con un pollo frito o sobre un helado. Esta particular y deliciosa receta requiere únicamente, la pulpa blanca que rodea la sandía.

* Ver págs. 168, 169

sol de papaya.

8 personas

masa para tarta.

1 1/4 tazas de harina cernida
1/2 cucharadita de sal
1/2 taza de mantequilla o
margarina helada
3 cucharadas de agua helada

Se combina la harina con la sal. Encima se coloca la mantequilla y se corta con dos cuchillos hasta que quede todo bien mezclado y se forme una masa de aspecto arenoso. Se añade el agua por cucharadas y se mezcla con un tenedor. Con las manos, se recoge la masa hasta formar una bola. Se extiende con el rodillo sobre una tabla enharinada. Se corta un redondel del tamaño del molde y éste se engrasa, se enharina y se forra con la masa hasta el borde. Se recortan los sobrantes y se pica con un tenedor. Se lleva al horno precalentado a 350° y se deja hasta que empiece a dorar.
Se llena con la salsa inglesa* y luego se decora con la papaya calada.

papaya calada.

1 papaya pequeña verde
1 libra de azúcar
2 cucharadas de vinagre
blanco
1 taza de jugo concentrado de
maracuyá

Se pela la papaya y se parte en tajadas delgadas. Se colocan en una olla a presión con el azúcar, el jugo de maracuyá y el vinagre. Después de que pite la olla, se cocina 10 minutos. Se saca y se deja enfriar.

Por su delicada textura y fino sabor, este delicioso dulce es conocido como "falso melocotón". Se puede utilizar en cualquier receta que lleve melocotones.

* Ver pág. 69

melones al oporto.

2 personas

2 melones de distinta
variedad
1 copita de oporto
Miel de abejas al gusto

Uno de los melones se parte
en dos, se despepa y se deja
como recipiente. Al otro
melón se le saca la pulpa en
forma de bolitas y se colocan
dentro de las dos mitades. Se
mezcla el oporto con la miel y
se les rocía. Se lleva a la
nevera y se sirve frío.

piña calada.

2 tazas de piña picada
1 taza de azúcar

Se pone a cocinar, a fuego
medio, la piña con el azúcar.
Se retira del fuego cuando
llegue al punto de espesor
deseado. Si se quiere suave se
deja hasta que la piña esté
brillante. Si se quiere más
dulce se deja más tiempo.

ensalada de repollo y piña.

12 personas

*1 piña grande calada**
*2 tazas de repollo finamente
picado*
*2 cajas grandes de gelatina de
piña*
1/2 caja de gelatina sin sabor
*1 frasco grande de crema de
leche*

Cada caja de gelatina de piña
se disuelve en 1 taza de agua
hirviendo y la gelatina sin
sabor, en 1 taza de agua fría.
Se le añaden a la piña y al
repollo, se revuelve y se deja
reposar por 15 minutos.
Luego se agrega la crema de
leche y se mezcla bien. Se
vierte sobre un molde
previamente mojado. Se lleva
a la nevera, cuando esté
cuajada se desmolda sobre
una bandeja y se decora al
gusto.

* Ver pág. 54

canastilla de papaya.

La forma de las frutas sirve de inspiración para utilizarlas
como recipiente para una bonita presentación. Cuando se sirva
de ellas, escójalas sanas, de buen color y que no estén
demasiado maduras. Rellénelas con la misma fruta o con
frutas variadas cortadas en distintas formas y agréguele una
salsa, un jugo o un licor.

Bosque de helechos arbóreos en Santa Rosa de Cabal, Risaralda.

$\mathcal{L}$a familia Passifloraceae
comprende 12 géneros y cerca de
500 especies, unas comestibles y
otras ornamentales. Todas las
pasifloras tienen, como factor
común, la conformación típica de la
flor a la cual se debe su
denominación, pues se ha querido
reconocer en ella la presencia de los
símbolos de la pasión de Jesucristo:
los clavos se reconocen en los 3
estigmas, la corona de espinas en
los múltiples pétalos filiformes, el
cáliz en el ovario pedunculado, las 5
llagas en otros tantos estambres y
la lanza en la hoja. Todas contienen
pasiflorina, que es una sustancia
calmante. Para niños un poco
inquietos, un vaso del jugo de
alguna pasiflora puede calmarlos
al final del día.

Maracuyá

Passiflora edulis Sims.

$\mathcal{S}$e considera originaria del Brasil.

Se conocen dos tipos de fruta: el maracuyá amarillo y el maracuyá rojo. Entre los dos se encuentran gran variedad de colores, tamaños y formas. El maracuyá rojo ha sido cultivado comercialmente en Kenia, Africa del Sur y Australia.

La variedad amarilla se desarrolla mejor en clima tropical desde los 400 a los 1.200 m.; además, es la más resistente a enfermedades, la planta es más productiva, la fruta es mejor, produce más jugo y es más ácida que las otras.

El fruto del maracuyá sufre pérdidas considerables de peso pocos días después de cosechado y la cáscara se va arrugando, pero esto no altera en nada la calidad interna del producto sino que indica madurez. Cae espontáneamente al suelo en el momento adecuado para su recolección; por esto se dice que esta fruta no se coge sino que se recoge. Su época de cosecha son los meses de diciembre, enero, mayo, junio y julio.

Aunque el fruto maduro es bastante dulce y refrescante, el maracuyá se considera por lo general muy ácido para consumirlo al natural. Sirve para elaborar un jugo de muy agradable aroma y es ideal para añadirle al jugo de otras frutas que necesitan del ácido para aumentar su aroma; esto hace del maracuyá una fruta muy especial.

Se puede, por lo tanto, usar como un ingrediente más en forma similar a la utilización del limón.

Se debe comparar el peso con el volumen, no importa si la cáscara se encuentra arrugada, pues entonces se sabe que el fruto ya está bastante maduro.

Se conserva en un lugar fresco o en la nevera.

100 g. de fruta comestible contienen:	
Agua	85,0 g
Proteínas	0,8 g
Grasa	0,6 g
Carbohidratos	2,4 g
Fibra	0,2 g
Cenizas	0 g
Calcio	5,0 mg
Fósforo	18,0 mg
Hierro	0,3 mg
Vitamina A	684 U.I.
Tiamina	0 mg
Riboflavina	0,1 mg
Niacina	2,24 mg
Acido ascórbico	20 mg
Calorías	50 cal

Granadilla

Passiflora liguralis Jussieu.

$\mathcal{E}$s una fruta redonda de aproximadamente 8 cm. de diámetro. Su cáscara es dura, lo cual tiene ventajas para poderla transportar con facilidad. Se cultiva en tierras ubicadas entre 1.500 y 2.500 m. sobre el nivel del mar.

Es el mejor jugo para iniciar a los bebés en el consumo de las frutas. La granadilla es deliciosa para comer a cualquier hora, y le da un toque ácido a las ensaladas de papaya, melón y sandía.

Su cáscara debe ser de color amarillo-naranja y la pecosa sobre ese mismo color es de la mejor calidad. Debe estar entera, ser lisa y brillante y no tener huecos producidos por enfermedades o insectos. Es importante comparar el peso con el volumen, pues hay frutos grandes que contienen muy poca pulpa en su interior. Se debe guardar en un lugar fresco y aireado. Se conserva bastante bien.

100 g. de fruta comestible contienen:	
Agua	86,0 g
Proteínas	1,1 g
Grasa	0,1 g
Carbohidratos	11,6 g
Fibra	0,3 g
Cenizas	0,9 g
Calcio	7 mg
Fósforo	30 mg
Hierro	0,8 mg
Vitamina A	0 U.I.
Tiamina	0 mg
Riboflavina	0,10 mg
Niacina	2,1 mg
Acido ascórbico	20 mg
Calorías	46 cal

Curuba

Passiflora mollisima (H.B.K.) Bailey.

$\mathcal{L}$a curuba tiene forma elíptica, mide aproximadamente 7 cm. de largo, es de color verde-amarillo hasta naranja pálido y está recubierta de un fino vello. La curuba de Castilla crece silvestre, entre los 2.000 y los 3.000 m. sobre el nivel del mar.

Hay dos variedades comerciales. Una silvestre, amarilla pálida corta y gruesa, de tamaño poco parejo, que solamente se da en las partes altas y es la de mejor calidad. La otra es de forma alargada, de color un poco más naranja y tiene, quizá, menos sabor.

La curuba es tal vez la fruta más deliciosa para tomar en sorbete, es decir con leche, con crema de leche o, acaso, con yogur. Es también exquisita en esponjados y helados.

Es rica en vitamina C, y la proporción de azúcares apenas alcanza el 6%; tiene abundante ácido ascórbico, fósforo y vitamina A.

Debe estar exenta de picaduras de insectos, magulladuras y ser ligeramente blanda. Se debe guardar en un lugar fresco o en la nevera.

100 g. de fruta comestible contienen:	
Agua	92,0 g
Proteínas	0,6 g
Grasa	0,1 g
Carbohidratos	6,3 g
Fibra	0,3 g
Cenizas	0,7 g
Calcio	4 mg
Fósforo	20 mg
Hierro	0,4 mg
Vitamina A	1.700 U.I.
Tiamina	0 mg
Riboflavina	0,03 mg
Niacina	2,5 mg
Acido ascórbico	70 mg
Calorías	25 cal

Badea

Passiflora quadrangularis L.

$\mathcal{E}$l fruto es una baya, ovalada oblonga, de 20 a 30 cm. de largo por 10 a 15 cm. de diámetro, con aproximadamente 1.500 gramos de peso y una superficie lisa y brillante, casi blanca, amarillo pálido o verde-amarillo. Cuando madura, algunas veces se tiñe de rosado su pulpa blanquecina, jugosa y muy suave, con una cavidad llena de numerosas semillas rodeadas por arilos translúcidos y jugosos.

Crece en climas calientes, húmedos y bajos, desde el nivel del mar hasta los 1.400 m.

Se pueden distinguir fácilmente dos variedades en Colombia: la del Chocó y la gigante.

La badea no es muy conocida sino en su región de origen, pero da uno de los jugos más sabrosos y ligeros. Para prepararlo se saca la pulpa, se le agrega un poco de azúcar (no mucha porque el sabor es delicado) y se machaca con un tenedor; esto se coloca por una hora en la nevera con unos cubos de hielo, para que suelte. Luego se le agrega la cantidad de agua que se desee. Como es una fruta bastante suave, el jugo debe quedar relativamente concentrado, según el gusto.

Para hacer un esponjado se cuela primero para eliminar las semillas, en cuya remoción se puede ayudar batiendo la pulpa muy brevemente en la licuadora.

Para utilizarla puede ser amarilla o ligeramente verdosa, dura pero no tiesa; si está un poco picada esto no afecta su interior.

Se debe guardar en un lugar fresco y aireado.

100 g. de fruta comestible contienen:	
Agua	87,9 g
Proteínas	0,9 g
Grasa	0,2 g
Carbohidratos	10,1 g
Fibra	0,0 g
Cenizas	0,9 g
Calcio	10 mg
Fósforo	22 mg
Hierro	0,6 mg
Vitamina A	70 U.I.
Tiamina	0 mg
Riboflavina	0,11 mg
Niacina	2,7 mg
Acido ascórbico	20 mg
Calorías	41 cal

pargo rojo con salsa de maracuyá y romero.

6 pargos rojos pequeños
1/2 taza de jugo concentrado
de maracuyá
Pimienta blanca recién
molida
1/2 taza de vino blanco seco
1/4 de taza de vinagre blanco
La ralladura de 1 naranja
3 cucharaditas de cebolleta
finamente picada
1 cucharadita de romero
fresco molido
2 cucharadas de mantequilla

Se sazonan los pescados con
sal y pimienta y se doran en
mantequilla.
En una pequeña cacerola se
combinan el resto de los
ingredientes y se dejan
cocinar a fuego lento hasta
que la salsa se reduzca a la
mitad. Se baña el pescado con
esta salsa y se sirve.

solomito con salsa de badea.

6 personas

1 solomito de res
1 badea pequeña
6 cucharadas de mantequilla
2 cucharadas de aceite
2 cucharadas de cebolla
cabezona rallada
2 cucharadas de salsa negra
1 taza de crema de leche
Sal y pimienta al gusto
Laurel, tomillo y orégano
Perejil crespo para decorar

El solomito, debidamente
limpio, se adoba con laurel,
tomillo, orégano y cebolla
cabezona. Se amarra y se le
unta un poquito de aceite
para sellarlo y se dora en el
aceite y la mantequilla a
fuego alto, por todos los lados.
Se pasa a una bandeja que se
pueda llevar al horno.
La pulpa de la badea se
desmenuza con las manos y
se revuelve con la crema de
leche. Con esta salsa se baña
la carne. Se lleva al horno a
400° durante 20 minutos si

se quiere roja o un poco más
de tiempo si se quiere más
cocida.
Se decora con perejil
finamente picado.

merengón de curuba y guanábana.

12 personas

8 claras de huevo
24 cucharadas de azúcar
(3 cucharadas por cada clara)
1/2 cucharadita de polvo
para hornear
1 guanábana mediana,
madura, pelada y sin pepas
1 frasco grande de crema de
leche
Azúcar al gusto
1 cucharada de brandy
8 curubas
3 cucharadas de coco fresco,
rallado y dorado al horno

Merengue: Se baten las claras
a punto de nieve duro y poco a
poco se les agrega el azúcar y
el polvo para hornear. Se
vierten en dos latas forradas
en papel parafinado,
engrasado y en forma de caja.
Se llevan al horno a 200° C
durante 1 hora.
Se mezcla la crema de leche
con el azúcar y el brandy y se
divide en dos. Una parte se
mezcla con la guanábana y la
otra con la curuba.
Se coloca un merengue sobre
una bandeja y se cubre con la

mezcla de guanábana. Se
coloca encima el otro
merengue y se cubre con la
mezcla de curuba. Se decora
con el coco rallado.

El ácido de la curuba le da un
toque especial a este delicioso
merengón.

esponjado de curuba.

2 tazas de jugo de curuba
6 claras de huevo batidas a
punto de nieve
1 1/2 tazas de azúcar
2 1/2 cucharadas de gelatina
sin sabor

Se pone a fuego alto el jugo
de curuba con el azúcar hasta
que empiece a hervir. Se
añade la gelatina
previamente derretida en 1/4
de taza de agua fría. Cuando
se desate completamente, se
retira y se lleva al
congelador. Antes de que
acabe de cuajar, se saca y se
licúa hasta que esté
espumoso. Se le incorporan
las claras en forma
envolvente. Se vierte en un
molde previamente
engrasado con aceite de

almendras. Se lleva a la
nevera y se deja hasta que
cuaje. Se saca, se desmolda y
se cubre con la siguiente
salsa:

salsa de curuba.

1 cucharada grande de
maizena
1 taza de leche
1 1/2 tazas de jugo de curuba
Azúcar al gusto
1 o 2 cucharadas de crema de
leche, si se desea

Se disuelve la maizena en la
leche, se endulza bien y se
pone a hervir hasta que dé
punto de bola. Se baja y se
deja enfriar. Se le mezcla
muy bien el jugo de curuba.
Esta salsa se puede preparar
con jugo de mora o de
naranja.

helado de maracuyá en su concha.

12 personas

1 taza de jugo concentrado de maracuyá*
1 lata de leche condensada
1 frasco de crema de leche
2 claras de huevo batidas a punto de nieve
La ralladura de 1 limón

Se cortan los maracuyás delicadamente por el centro y se reservan las cáscaras. Se mezcla el jugo en la licuadora con los demás ingredientes. Se pone en un molde y se lleva al congelador durante 20 minutos o hasta que haya comenzado a cuajar. Se saca, se bate nuevamente y se le incorporan las claras. Se rellenan las cáscaras de maracuyá y se colocan nuevamente en el congelador. Se sacan 10 minutos antes de servirlas.

Se decora cada una con media uchuva y un ramito de menta.

* Ver pág. 72

esponjado de maracuyá y piña.

8 personas

1/2 vaso de jugo concentrado
de maracuyá*
1 piña calada** suave
1 lata grande de leche
condensada
1 frasco de crema de leche
3 sobres de gelatina sin sabor
1/4 de taza de agua tibia
4 claras de huevo batidas a la
nieve
El jugo de 1 limón

Se licúa la piña calada con el
jugo de maracuyá, sin que la
piña se destroce demasiado.
Se le añade el jugo de limón y
se le da un hervor. Todavía
caliente, se le incorpora la
gelatina, previamente
disuelta en 1/4 de taza de
agua fría, la leche
condensada y la crema.
Aparte se pone en un
recipiente la mezcla, se le
agregan las claras, se
integran con una cuchara de
madera, en movimientos
envolventes y se vierte en un
molde aceitado. Se lleva a la
nevera durante 2 horas o
hasta que cuaje. Se desmolda
en una bandeja y se puede
cubrir con la siguiente salsa:

salsa inglesa.

2 tazas de leche
3 yemas de huevo
1 cucharada de maizena
1/2 taza de azúcar
La ralladura de 1 limón
1 cucharada de brandy o de
ron
1 cucharada de mantequilla
1 1/2 tazas de crema de leche

Se baten las yemas con el
azúcar y la maizena. Se pone
la leche al fuego, se le
agregan las yemas y se deja
cocinar sin dejar que hierva y
sin dejar de revolver, con una
cuchara de madera. Se le
agregan los demás
ingredientes sin la crema y se
deja espesar. Se deja enfriar
y se le añade la crema de
leche.

* Ver pág. 72
** Ver pág. 54

jugo de granadilla.

Se parten las granadillas, se
pone el contenido en un
colador y se exprime con una
cuchara de madera, hasta
que las pepitas estén
completamente peladas. No
necesita azúcar.

coctel de maracuyá.

6 personas

2 tazas de jugo concentrado de maracuyá*
3 copitas de aguardiente
Azúcar al gusto
1/2 vaso de soda
4 cubos de hielo

Se mezclan los ingredientes en la licuadora y se sirve en copas individuales con hielo finamente picado. Se decora con ramitos de menta.

Otro delicioso coctel de maracuyá:

2 tazas de jugo concentrado de maracuyá*
1 botella de vino blanco bien fría
Azúcar al gusto

Se endulza el jugo, se le agrega el vino y se sirve en copas individuales.

* Ver pág. 72

jugo concentrado de curuba o de maracuyá.

12 curubas o maracuyás
1/4 de taza de azúcar.

Para preparar un concentrado de jugo de curuba o de maracuyá, es necesario que no se rompan las pepas para que el jugo no se vuelva amargo.

Se abre la fruta, se extrae la pulpa, se pone en un recipiente (que no sea metálico) con el azúcar, se presiona con un tenedor y se deja reposar durante 15 minutos. Se licúa a velocidad baja y se cuela.

Para preparar un delicioso sorbete se utiliza una taza de concentrado de jugo por tres tazas de leche fría y se licúa a máxima velocidad.

Se puede servir con helado de vainilla o con crema de leche batida.

Guaduales y bosques de carboneros en Manizales, Caldas.

$\mathcal{L}$as frutas cítricas y afines proceden del suroeste de Asia y de la India, donde proliferaron en forma silvestre. Hace milenios, con el desarrollo de la agricultura, se efectuaron hibridaciones entre las distintas frutas cítricas. Se introdujeron en el Mediterráneo en los inicios del siglo XVI y, después de extenderse por Europa, los colonizadores españoles y portugueses las trajeron al Nuevo Mundo, donde se adaptaron favorecidas por las condiciones climáticas y de los suelos.

Los cítricos incluyen gran diversidad de frutas como naranjas, mandarinas, limas, limones y toronjas. En Colombia se dan desde el nivel del mar hasta los 2.100 m.

Los cítricos colombianos provienen de semillas introducidas por los europeos y de variedades injertadas. Se distinguen por su tamaño, aroma, color, jugosidad, sabor y por la consistencia de la cáscara.

En general, los cítricos son utilizados en el mundo entero por su conocido valor vitamínico, especialmente la vitamina C.

Naranja dulce

Citrus aurantium L.

$\mathscr{L}$a naranja común o criolla abarca más de cien variedades resultantes de diversos cruces. La variedad Valencia es la más conocida entre las naranjas dulces, tanto por su buen sabor como por su gran demanda. Es óptima para preparar jugos, aunque también se consume fresca. Dentro de las ombligonas, la variedad Washington, por su calidad, tamaño, apariencia y gusto tiene gran aceptación. Sólo se consume como fruta al natural pues, como todas las ombligonas, posee limonina, sustancia que impide la preparación de jugos y concentrados porque les da un sabor amargo. Otras variedades conocidas son la Lerma, Salerma, Hamlin y Ruby. Dentro de las agrias está el naranjo agrio común, otras híbridas y la variedad. Taiwanica. Las naranjas agrias no son de gran consumo y se cultivan sobre todo para injertos.

Una naranja fresca recién cortada en secciones, además de su jugo, contiene fibra que ayuda a la digestión y limpia el organismo. La naranja es una de las frutas más apreciadas y saludables, pues es un reconocido tónico y depurativo.

La naranja usada como ingrediente es muy versátil. Le da un toque mordiente a las ensaladas de frutas; con ella se hace, quizá, la mejor mermelada, de un característico e inimitable sabor agrio, y la cáscara de naranja, azucarada y recubierta de chocolate, es delectable.

La naranja debe ser firme al tacto y estar libre de comeduras de insectos o golpes. En las variedades más apropiadas para hacer jugo, puede estar verde.

Se conserva unos días en un lugar fresco, pero es mejor mantenerla refrigerada o congelar la pulpa o el jugo.

100 g. de fruta comestible contienen:	
Agua	89,0 g
Proteínas	0,7 g
Grasa	0,1 g
Carbohidratos	9,0 g
Fibra	0,7 g
Cenizas	0,5 g
Calcio	19 mg
Fósforo	22 mg
Hierro	0,4 mg
Vitamina A	0 U.I.
Tiamina	0,08 mg
Riboflavina	0,03 mg
Niacina	0,3 mg
Acido ascórbico	60 mg
Calorías	35 cal

Toronja

Citrus paradisii Macfadyen.

$\mathscr{L}$a toronja, o grapefruit, es una fruta de piel delgada y amarilla; es de sabor agradable aunque algo amargo, y con diversas propiedades alimenticias y curativas. Para producir un fruto de gran tamaño se requiere más calor que para las naranjas o las mandarinas. Por lo cual generalmente se cultiva en terrenos más cálidos.

La variedad "Ruby" produce una pulpa excepcional e intensamente coloreada; se utiliza como vianda de mesa. La variedad "Marsh" es muy apreciada en los cultivos, no sólo por ser la primera toronja producida sin semilla, sino por originar otras variedades pigmentadas.

100 g. de fruta comestible contienen:	
Agua	90,3 g
Proteínas	0,7 g
Grasa	0,1 g
Carbohidratos	7,5 g
Fibra	0,9 g
Cenizas	0,5 g
Calcio	27 mg
Fósforo	32 mg
Hierro	0,5 mg
Vitamina A	0 U.I.
Tiamina	0,06 mg
Riboflavina	0,02 mg
Niacina	0,2 mg
Acido ascórbico	40 mg
Calorías	30 cal

Mandarina

Citrus reticulata Blanco.

$\mathcal{D}$entro de los cítricos, la mandarina da un fruto de forma redonda pero achatada, de óptima calidad y sabor dulce, lo que la hace una delicia. Sirve para preparar bebidas ligeramente aromatizadas.

Hay muchas variedades, desde unas pequeñas y apretadas hasta otras grandes con cáscara suelta, de colores verde profundo hasta naranja e inclusive amarillo pálido. Todas son buenas.

Entre todas sobresalen la Oneco y la Tangelo. Esta última es un híbrido entre la mandarina y la toronja, jugosa, dulce y de excelente calidad. La Oneco es la variedad más tropical y los frutos son de mayor tamaño, por lo cual goza de gran popularidad entre los consumidores.

La mandarina es, en verdad, una fruta noble. Cuando hay cosecha se convierte en una fuente muy económica de vitamina C. El jugo de mandarina es una buena introducción a los cítricos para los bebés, y es bueno para variar los jugos de naranja.

Es una fruta gentil y saludable que va muy bien en una lonchera y se puede comer sin embadurnarse.

Al apretarla con los dedos debe estar firme. No debe tener comeduras ni manchas. Se debe buscar la de mejor aroma.

Es una fruta de buena conservación, muy conveniente en paseos y excursiones. Se debe mantener en un lugar fresco o en la nevera.

100 g. de fruta comestible contienen:	
Agua	88,8 g
Proteínas	0,7 g
Grasa	0,1 g
Carbohidratos	9,5 g
Fibra	0,5 g
Cenizas	0,4 g
Calcio	24 mg
Fósforo	19 mg
Hierro	0,2 mg
Vitamina A	1.000 U.I.
Tiamina	0,11 mg
Riboflavina	0,03 mg
Niacina	0,3 mg
Acido ascórbico	24 mg
Calorías	38 cal

Limón

Citrus aurantiifolia (Chr.) Swingle.

$\mathcal{E}$l limón se distingue entre los demás cítricos por su tamaño, color y sabor. Es usado cotidianamente por sus múltiples propiedades. Las variedades más conocidas son el limón común o de Castilla y el limón Tahití. El primero es un fruto pequeño, de piel verde brillante, que se encuentra y crece silvestre. El segundo, llamado también Persa, es más jugoso, más grande y de piel más oscura, ligeramente rugosa y gruesa. También existen otras variedades como el Limón Mandarino, de sabor un poco dulce pero muy ácido, y el rugoso, de acidez bastante pronunciada, que presenta una forma redondeada y se utiliza sobre todo para injertos.

El limón es uno de los productos vegetales medicinales más útiles. Del limón se ha dicho que es la panacea que Dios ha puesto al alcance de nuestras manos para curar todas las enfermedades. Se ha dicho, también, que además de su valor alimenticio, es el gran laboratorio o farmacia de la humanidad.

A pesar de su propia acidez es un poderoso neutralizante de la acidez de la sangre y es depurativo.

El zumo del limón es el mejor sustituto del vinagre, tiene excelentes propiedades desinfectantes y su cáscara contiene un aceite esencial.

El limón se usa casi para todo: como limonada, para la sed; a las otras frutas les conserva el color, evita la oxidación y sirve para realzar su sabor. Limón para la soltura, limón para las encías, limón para la gripa, limón para mantener la salud y el vigor.

Debe escogerse aquel que dé la sensación de estar lleno, que no esté amarillo ni arrugado y que tenga un aroma fresco.

Se puede guardar en un lugar fresco o en la nevera. Para aprovechar mejor su jugo es conveniente calentarlo un poco porque el calor dilata los tejidos y hace que se desprenda más líquido.

100 g. de fruta comestible contienen:	
Agua	91,8 g
Proteínas	0,3 g
Grasa	0,3 g
Carbohidratos	6,3 g
Fibra	1,0 g
Cenizas	0,3 g
Calcio	13 mg
Fósforo	14 mg
Hierro	0,4 mg
Vitamina A	0 U.I.
Tiamina	0,02 mg
Riboflavina	0,02 mg
Niacina	0,1 mg
Acido ascórbico	25 mg
Calorías	26 cal

rollitos de naranja.

6 naranjas
1 pizca de bicarbonato
2 libras de azúcar.

Se lavan las naranjas, se cortan con la cáscara en rodajas gruesas y se le extraen las pepas. Se pone a cocinar en agua que las cubra, con el bicarbonato, hasta que estén tiernas. Se cuelan, se parten por la mitad, se forman los rollitos y se aseguran con un palillo de madera. Se ponen a conservar en almíbar a punto de hilo hasta que estén brillantes.

almíbares.

Se deben agregar siempre unas gotas de limón.
La glucosa se utiliza para impedir la cristalización.

punto de hilo

Para 1 taza de agua, 1/2 taza de azúcar. Se pone a cocinar a fuego moderado. Se prueba varias veces hasta que al envolver un poco de almíbar en una cuchara y al dejarlo escurrir, se vea caer en forma de hilo.

punto de hoja

Para 1 taza de agua, 1 taza de azúcar. Se pone a cocinar a fuego moderado. Se prueba varias veces hasta que al envolver un poco de almíbar en una cuchara y al dejarlo escurrir, se forme una hoja.

punto de bola

Para 1 taza de agua 1 1/2 tazas de azúcar. Se pone a cocinar a fuego moderado y se prueba dejando caer un poco de almíbar en un vaso de agua fría, hasta que se pueda formar una bola con los dedos.

punto de caramelo

Con la misma proporción del punto de bola, se cocina el almíbar hasta que al dejar caer un poco en un vaso de agua fría se forme un hilo cristalizado.

casquitos de limón.

20 limones verdes grandes
1 1/2 libras de azúcar
1 pizca de bicarbonato

Se rallan las cáscaras de los limones para desamargarlos un poco. Se cortan los limones por la mitad y se les extrae toda la pulpa. Se ponen a cocinar en agua que los cubra con el bicarbonato, se dejan hervir durante 15 minutos. Se escurren y se ponen a calar en una paila con 1 litro de agua y el azúcar a fuego lento hasta que estén brillantes.

cáscaras de cítricos azucaradas.

2 toronjas o 3 naranjas o 6 limones.
2 tazas de azúcar.
1 pizca de bicarbonato

Se pela la fruta en tiras largas. Se ponen a remojar las cáscaras en un recipiente, cubiertas con agua fría durante 30 minutos. Se cuelan. Se ponen en una olla nuevamente cubiertos con agua fría y el bicarbonato y se cocinan hasta que estén blanditas. Se cuelan y se cortan en tiras delgadas. Se disuelve, a fuego lento, 1 taza de azúcar en 1 1/2 tazas de agua. Se agregan las cáscaras y se dejan conservar, a fuego lento, durante 1 hora. Se retiran, se tapan y se dejan reposar toda la noche. Al día siguiente se calientan hasta que hierva el almíbar. Se deja enfriar y se escurren las cáscaras. Se espolvorean con el azúcar restante y se dejan secar. Se envasan. Pueden permanecer frescas durante meses. Si se secan mucho, se les puede poner un limón entero dentro del recipiente durante uno o dos días.

toronja con miel de abejas.

2 personas

1 toronja
Miel de abejas
2 cucharadas de jerez
1 cereza

Se parte en dos la toronja, se saca la pulpa, se le quita la parte blanca y se retiran las pepas. Se mezcla con la miel y el jerez. Se llena la cáscara y se mete al horno durante 15 minutos a 350°.

Nota: se pueden mezclar distintas clases de toronjas.

toronja en crema especial.

1 persona

5 gajos de toronja pelada
3 cucharadas de mayonesa
hecha en casa
1 cucharada de crema de
leche
2 cucharadas de aguacate en
puré

Se pela la toronja y se retira la piel de los gajos. Con un tenedor se mezclan bien el resto de los ingredientes. Se coloca la salsa en un plato y encima las toronjas. Se decora como se quiera, en este caso, con granitos de granada.

mayonesa hecha en casa.

1 huevo
1 cucharadita de sal
1 cucharadita de azúcar
1 cucharadita de mostaza
1 cucharadita de vinagre
Pimienta al gusto
Gotas de limón
1/4 de taza de perejil
1 taza de aceite vegetal

Se reserva el aceite y se licúan todos los demás ingredientes. Cuando estén integrados, se agrega el aceite lentamente en un chorro fino.

esponjado de limón.

5 claras de huevo batidas a la
nieve
1 1/2 tazas de azúcar
1/2 taza de jugo de limón
La ralladura de un limón
3 sobres de gelatina sin sabor
1/2 taza de agua

Se baten las claras a punto de
nieve y luego poco a poco se
les agrega el azúcar sin dejar
de batir, después el jugo de
limón y la ralladura. Por
último se añade la gelatina
sin sabor que se ha remojado
en 1/4 de taza de agua fría y
luego se ha disuelto en otro
1/4 de taza de agua
hirviendo. Se mezcla bien y
se lleva a la nevera en
cualquier recipiente. Cuando
esté medio cuajada se saca, se
licúa y se pone en un molde

aceitado. Se deja hasta que
cuaje completamente.

torta de naranja.

1 libra de mantequilla
1 libra de azúcar
3 cuharaditas de sal
La cáscara rallada de 2
naranjas
1 taza de jugo de naranja
8 huevos
1 libra de harina cernida 3
veces
4 cucharaditas de polvo para
hornear
4 cucharaditas de jugo de
limón

Se bate muy bien la
mantequilla, la sal y la
ralladura de naranja. Se
añade el azúcar poco a poco y
se agregan los huevos uno a
uno, mientras se bate. Se
ciernen los ingredientes secos
y se agregan alternando con
los jugos, a la mezcla de
mantequilla. Se bate bien. Se
coloca en un molde engrasado
y enharinado. Se mete al
horno precalentado a 350°
durante 1 hora. Cuando se
enfríe se cubre con pastillaje
de naranja.

pastillaje de naranja.

1 libra de azúcar pulverizada
1 sobre de gelatina sin sabor
1 cucharada de glucosa
1 cucharada de glicerina
1/4 de taza de jugo de
naranja
Anilina amarilla

Se disuelve la gelatina en el
jugo de naranja tibio. A fuego
lento, se le agrega la glucosa
y la glicerina. Se revuelve
hasta que tenga consistencia
de jarabe. No se debe dejar
hervir. Sobre la mesa se pone
el azúcar con un huevo en el
centro. Se añade el jarabe
caliente poco a poco
revolviendo con un cuchillo.
Se amasa bastante hasta que
la pasta esté suave y no se
pegue. Con un rodillo se
estira haciendo una tela lo
más redonda posible. Se
humedece la torta y se le
coloca encima.

arroz de naranja tangelo.

6 personas

2 tazas de arroz
2 tazas de jugo de naranja
2 tazas de agua
2 cucharadas de mantequilla
1 cucharada de aceite
1 cucharadita de sal
1 cucharadita de azúcar
La cáscara de 1 naranja
cortada en tiritas.
1/2 cucharadita de
bicarbonato

Se sofríe el arroz en el aceite
y la mantequilla durante 3
minutos sin dejar de revolver.
Se ponen las cáscaras en
agua hirviendo con el
bicarbonato durante 5
minutos y se escurren. Se
añade al arroz, el agua, el
jugo de naranja, la sal, el
azúcar y se pone a cocinar. Se
saca, se revuelve con una
parte de las cáscaras, se pone
en una bandeja y se adorna
con el resto.

codornices en salsa de naranja.

4 personas

12 codornices
1 hoja de laurel
1 cebolla cabezona pequeña
1/2 cucharada de tomillo
1 copa de vino oporto
1 cucharada de salsa negra
El jugo de 2 naranjas
1 cucharada de aceite de cocina
Sal y pimienta al gusto

En un recipiente se mezclan todos los ingredientes, se agregan las codornices y se dejan marinar durante 1 hora. Se le agregan 2 tazas de agua y se cocinan, a fuego moderado, hasta que estén tiernas.

salsa de naranja.

6 naranjas
1/2 taza de azúcar
1 cucharada de mantequilla
1 copa de vino oporto
2 cucharadas de maizena

Después de hacer el jugo de naranja para la salsa, se limpia bien una parte de las cáscaras, se les quita la parte blanca y se cortan en tiras delgaditas, se pasan por agua hirviendo 3 veces para quitarles el amargo. En una sartén se pone el azúcar al fuego hasta que tome un color de caramelo y se agrega el jugo de naranja. Aparte se disuelve la maizena y se agrega al jugo que debe estar hirviendo, se revuelve constantemente para evitar que se pegue, durante 10 minutos. Se agrega la mantequilla, el oporto, y la corteza desamargada.

naranja y corozos en aguardiente.

5 naranjas
Un puñado de corozos
1 botella de aguardiente
1/2 botella de ron
1 kilo de azúcar disuelta en 2
tazas de agua
5 clavos de especie
2 cucharadas de vainilla

Se eligen naranjas de piel muy fina, jugosas y maduras. Se pelan y se les quita toda la pielecita blanca, se pinchan varias veces con un alfiler o con un tenedor, se parten en cascos y se retiran todas las pepas. En un recipiente se mezclan todos los ingredientes sin la naranja. Se añaden los cascos de naranja que deben quedar totalmente cubiertos por el líquido. Se tapa el recipiente y se deja reposar en la oscuridad. Se puede utilizar a

los 3 días. Se sirven solas, encima de un helado o con crema chantilly.

cuatro limonadas.

ligera.

Las cortezas de 3 limones
1 litro de agua
3 tazas de azúcar
El jugo de 3 limones

Se toman las cortezas frescas
de los limones y se ponen
durante 3 minutos, en
infusión, en un litro de agua
hirviendo. Se cuela y se
añade el azúcar. Se agrega el
jugo de los limones y se pone
a hervir nuevamente hasta
que se disuelva el azúcar. Se
deja enfriar y se embotella.

rosa.

Pétalos de rosa
1 litro de agua
El jugo de 3 limones
Azúcar al gusto

Se toma una buena manotada
de pétalos de rosa, se echa
sobre ella un litro de agua
hirviendo y se deja macerar
durante 1 hora. Se cuela y se
le añade el jugo de limón y el
azúcar.

con cáscara.

2 limones
1 litro de agua
Azúcar al gusto
3 cubos de hielo

Se quitan los extremos de los
limones, se parten en rodajas
y se retiran las pepas. Se
ponen en la licuadora con el
agua, el azúcar, el hielo y se
licúa.

sorbete

1 botella de leche bien fría
Azúcar al gusto
1/2 taza de jugo de limón
La ralladura de 1 limón

Se licúa la leche con el
azúcar, se le añade el jugo de
limón y se vuelve a batir. Se
sirve en copas con hielo
finamente picado y se adorna
con la ralladura de limón.

mandarinas heladas.

6 mandarinas con rama
1/2 lata de leche condensada
2 claras de huevo batidas a punto de nieve
La ralladura de 1 mandarina
1/2 frasco de crema de leche

Se les corta una tapa a las mandarinas. Se saca con cuidado la pulpa y se hace un jugo concentrado. Se le mezcla la leche condensada y la crema de leche y se mete a la nevera. Se deja en el congelador por 2 horas, se saca, se vuelve a batir y se le incorporan las claras en forma envolvente con cuchara de madera. Se llenan las cáscaras se, tapan y se meten al congelador. Se deben sacar 10 minutos antes de servirlas. Se pueden acompañar con barquillos.

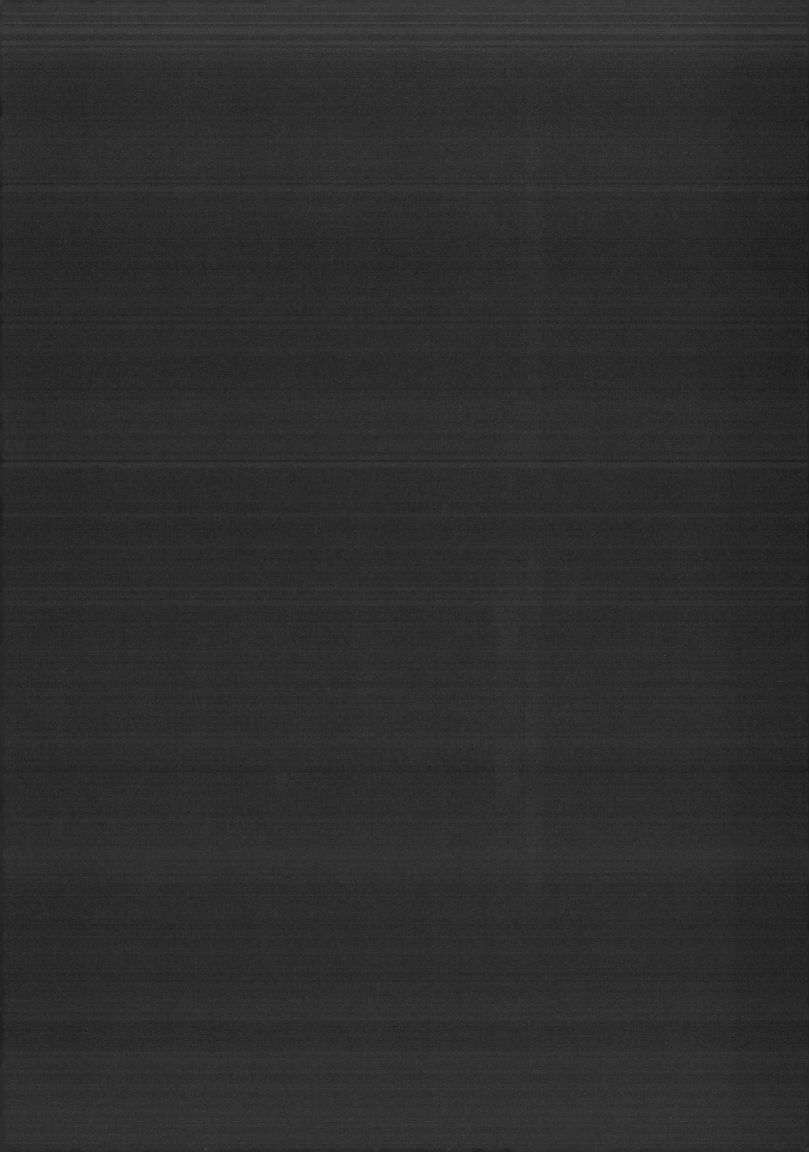

Bosque de niebla con sietecueros en el Páramo de Letras, Tolima.

Breva

Ficus carica L.

$\mathscr{P}$rocede de Siria y su cultivo se extendió después a la China y la India. En la Pirámide de Gizeh se encuentran algunos higos grabados. Aristóteles menciona la antigüedad de su cultivo y los poetas latinos nos dan diferentes noticias sobre esta fruta.

El brevo ha sido cultivado en toda la región del Mediterráneo desde tiempos antiguos. Los españoles lo introdujeron en América y desde el tiempo de la Colonia crece en nuestros solares y jardines de los climas medios y fríos. Es, pues, uno de los árboles frutales más antiguos. En la pintura, la higuera con frutos simboliza abundancia y paz. En la Edad Media se le atribuyeron propiedades mágicas y medicinales a los frutos y a las hojas. Como cosa curiosa, y acaso útil, la hoja del brevo picada se puede mezclar con tabaco haciendo una picadura apetecida por muchos fumadores de pipa.

Existen más de 700 variedades en todo el mundo que proceden de la especie *Ficus carica* y de la subespecie *sativa*, conocida como higo doméstico.

La breva es el fruto primerizo verde de este árbol y se emplea para preparar dulce en almíbar, mermeladas y rellenos para postres; es un gran alimento que combate la fatiga. El higo, como se conoce maduro, es más grande y se cosecha en otoño en los países donde hay estaciones. El dulce de breva, acaso con una cucharadita de arequipe y un trozo de queso blanco, es de gran categoría entre los dulces *"casados"* (combinados) del interior de Colombia, un gusto que se adquiere en la edad temprana y que dura toda la vida.

La breva generalmente se utiliza verde. Se debe buscar limpia de comezones de insectos o manchas y debe ser firme al apretarla. Si, por el contrario, se busca una breva madura, esta habrá cambiado de color —de verde hacia morado— y será blanda. Cuando se corta debe ser rosada en su interior y se puede comer con cáscara.

Lo ideal es utilizarla recién cosechada. Si esto no es posible, se puede guardar por corto tiempo en un lugar fresco.

100 g. de fruta comestible contienen:	
Agua	86,1 g
Proteínas	1,7 g
Grasa	0,3 g
Carbohidratos	8,6 g
Fibra	2,5 g
Cenizas	0,8 g
Calcio	68 mg
Fósforo	34 mg
Hierro	0,5 mg
Vitamina A	20 U.I.
Tiamina	0,05 mg
Riboflavina	0,06 mg
Niacina	0,3 mg
Acido ascórbico	18 mg
Calorías	39 cal

Mora

Rubus glaucus Bentham.

*L*as especies más conocidas del género *Rubus* son americanas.

En Colombia se conocen 9 especies comestibles y unas 40 especies silvestres. La mora de Castilla —oriunda de América— es la variedad más conocida: morada, brillante y atractiva, de sabor agridulce antes de estar madura; dulce y oscura al madurar, y de grato aroma. Las plantas que las producen son bejucos espinosos, por lo cual constituyen una buena barrera contra los intrusos y ayudan a controlar la erosión.

La mora es deliciosa al natural y en mermeladas, dulces, helados y tartas. La salsa de mora acompaña muy bien a las carnes.

Es muy importante el color, que debe ser morado profundo. Una mora dañada acaba con las demás. Se debe utilizar lo más pronto posible, pero se puede guardar en la nevera.

100 g. de fruta comestible contienen:	
Agua	93,3 g
Proteínas	0,6 g
Grasa	0,1 g
Carbohidratos	5,6 g
Fibra	0 g
Cenizas	0,4 g
Calcio	18 mg
Fósforo	14 mg
Hierro	1,2 mg
Vitamina A	0,00 U.I.
Tiamina	0,02 mg
Riboflavina	0,04 mg
Niacina	0,4 mg
Acido ascórbico	15 mg
Calorías	23 cal

Uchuva

Physalis peruviana L.

*L*a uvilla o uchuva es originaria de América, donde crece en los climas fríos de la zona tropical.

Existen 45 variedades, todas en estado silvestre.

Es una planta herbácea, que muchas veces se ha considerado como maleza. Tiene más ventajas al ser muy rústica, crecer en toda clase de suelos y tolerar mucha o poca luz. Además, posee una resistencia natural a las plagas y enfermedades.

Actualmente se está cultivando por su creciente popularidad, y está siendo utilizada por su fruto azucarado que da lugar a una muy original mermelada, y por su apariencia y delicioso sabor como complemento de postres y ensaladas.

Generalmente se encuentran en su característica chuspa de hojas secas. Pocas frutas vienen más cómodamente presentadas. La mejor es grande, firme y de color naranja, la verde es amarga, y una vez cosechada, ya no madura.

100 g. de fruta comestible contienen:	
Agua	85,9 g
Proteínas	1,5 g
Grasa	0,5 g
Carbohidratos	11,0 g
Fibra	0,4 g
Cenizas	0,7 g
Calcio	9 mg
Fósforo	21 mg
Hierro	1,7 mg
Vitamina A	1.730 U.I.
Tiamina	0,01 mg
Riboflavina	0,17 mg
Niacina	0,8 mg
Acido ascórbico	20 mg
Calorías	49 cal

Tomate de árbol

Cyphomandra betacea (Cav.) Sendt.

*E*s nativo de los Andes peruanos y de ciertas regiones de Ecuador, Bolivia y Chile. Posiblemente también se encontró originariamente en las montañas de Java. En Colombia prospera desde los 1.100 hasta los 3.000 m.

Es un fruto de forma elipsoide de 7 a 10 cm. de largo por 4 o 5 cm. de diámetro central, liso, de piel amarga y fuerte no comestible y posee semillas parecidas a las del tomate común.

El tomate de árbol es bajo en calorías y una rica fuente de vitamina A. No es una fruta muy dulce, pero se consume mucho en jugos y también como dulce en almíbar, usando el fruto cocido o crudo. Con él se prepara también, una rica mermelada.

El tomate de árbol, al madurar, se pone de un color anaranjado muy vivo, con cáscara brillante y lisa. No debe estar arrugado o reseco y se debe buscar el que esté blando pero resistente al tacto.

Se debe dejar a temperatura ambiente hasta que esté blandito. Si está maduro se puede conservar en la nevera.

100 g. de fruta comestible contienen:	
Agua	89,7 g
Proteínas	1,4 g
Grasa	0,1 g
Carbohidratos	7,0 g
Fibra	1,1 g
Cenizas	0,7 g
Calcio	6 mg
Fósforo	22 mg
Hierro	0,4 mg
Vitamina A	1.000 U.I.
Tiamina	0,05 mg
Riboflavina	0,03 mg
Niacina	1,1 mg
Acido ascórbico	25 mg
Calorías	30 cal

Tamarindo

Tamarindus indica L.

*S*abemos que los árabes, cuando fueron a la India, le dieron a este árbol frondoso de sombra bienhechora y flores amarillas elegantes el nombre de *tamr-hindi*.

El fruto es una pequeña baya de cáscara delgada que encierra semillas rodeadas por una pulpa tanto ácida como dulce, más suave y refrescante que el sabor de los cítricos y con aroma y sabor irremplazables en la cocina oriental. Está ampliamente adaptado a las costumbres y los gustos de algunas regiones colombianas.

El tamarindo también se encuentra en forma de pulpa; en este estado se puede comer como dulce natural. Si se quiere elaborarlo, se toma la cantidad requerida, se mezcla con agua y se bate con un molinillo, colando el menjurje obtenido para eliminar las pepas y conseguir un jugo de tamarindo que puede tomarse como refresco, con hielo preferiblemente; o que también puede emplearse en la confección de exóticas salsas y rellenos para pasteles.

Si consigue el fruto es necesario resquebrajarlo y pelarlo manualmente. Se conserva en un lugar fresco y la pulpa, de preferencia, en la nevera.

100 g. de fruta comestible contienen:	
Agua	18,4 g
Proteínas	5,4 g
Grasa	0,5 g
Carbohidratos	61,3 g
Fibra	11,9 g
Cenizas	2,5 g
Calcio	81 mg
Fósforo	86 mg
Hierro	1,1 mg
Vitamina A	0 U.I.
Tiamina	0,20 mg
Riboflavina	0,19 mg
Niacina	2,5 mg
Acido ascórbico	18 mg
Calorías	280 cal

Guayaba

Psidium guajaba L.

La guayaba es originaria de América tropical, en donde crece básicamente silvestre. Fue llevada por los españoles a través del Pacífico hasta las Filipinas y por los portugueses hasta la India. Después se extendió por todas las regiones tropicales.

Hay unas 150 variedades nativas de guayaba en la América tropical y subtropical, divididas en las de pulpa blanca y pulpa roja. Las diferentes clases de guayaba pueden ser calificadas como razas más bien que como variedades. Estudios de selección han permitido recomendar especialmente cuatro: Extranjero, Polonuevo, Red y D-14.

En general, la guayaba varía de redonda a ovoide, llegando inclusive a tener forma de pera. Su peso va desde 25 hasta más de 500 g. La de mayor tamaño es la agria —que es una guayaba ácida (*Psidium acutangulum*) — uno de los frutos tropicales que se consumen verdes. La corteza de la guayaba dulce, cuando madura, es generalmente amarilla con visos blancos y rosados. Su estructura cambia, desde aquellas de casco delgado con muchas semillas dentro y una pulpa firme de color rojo asalmonado, hasta las de casco grueso y pocas semillas.

El tipo jugoso dulce se consume fresco, y tanto su casco como su carne son apreciados en la fabricación de pasteles.

La pulpa de la guayaba agria es semiblanda, ácida y absolutamente exquisita en jugos y helados.

Aunque la guayaba se puede comer fresca, principalmente se consume en forma procesada. Se transforma industrialmente en pasta, bocadillo y jalea. De su pulpa se extrae un vino de buen bouquet y otro delicioso licor: la crema de guayaba.

La guayaba, además de tener altas proporciones de carbohidratos, contiene proteínas y es rica en vitamina C. Contiene de dos a cinco veces más vitamina C que el jugo de naranja; su jugo deshidratado y pulverizado se utilizó para fortificar las raciones de las tropas aliadas durante la Segunda Guerra Mundial. Tiene la ventaja de ser una fruta de fácil asimilación. La producción es más o menos constante durante todo el año.

Debe ser de buen tamaño, firme y sin comeduras de insectos. Si se ve sólo un poquito deteriorada, esto no afectará su gusto. La guayaba agria es blandita y de color verde amarilloso; si su cáscara está oscura, esto no perjudica su interior.

Se debe utilizar o procesar lo más pronto posible pues una vez cosechada comienza rápidamente su proceso de descomposición. También se puede guardar en la nevera.

100 g. de fruta comestible contienen:	Guayaba rosada	Guayaba blanca
Agua	86,0	86,0 g
Proteínas	0,9	0,9 g
Grasa	0,1	0,1 g
Carbohidratos	9,5	9,5 g
Fibra	2,8	2,8 g
Cenizas	0,7	0,7 g
Calcio	17	15 mg
Fósforo	30	22 mg
Hierro	0,7	0,6 mg
Vitamina A	400	0 U.I.
Tiamina	0,05	0,03 mg
Riboflavina	0,03	0,03 mg
Niacina	0,6	0,6 mg
Acido ascórbico	200	240 mg
Calorías	36	36 cal

espejuelo de guayaba.

4 kilos de guayabas frescas y maduras
1 1/2 libras de azúcar

Se lavan las guayabas y se despedazan con la mano, en un recipiente con suficiente agua para cubrirlas. Se echan en un lienzo limpio y nuevo y se cuelga para que escurra todo el líquido durante la noche. Al día siguiente se mezcla con el azúcar y se hace una jalea a fuego vivo. Cuando haga espejuelo espeso se baja, se echa en una fuente o molde previamente humedecido y se deja cuajar. Se desmolda y se sirve.

casquitos de guayaba.

3 docenas de guayabas
2 libras de azúcar

Se pelan las guayabas y se parten en dos. Con una cucharita se retira la carne interior. Se ponen los cascos a conservar en agua que los cubra hasta que estén tiernos. Se agrega el azúcar y se retiran cuando estén brillantes.

brevas caladas.

12 personas

1 kilo de brevas
1 kilo de panela o 1 kilo de azúcar
1 limón

Se lavan y se raspan las brevas, con un pela-papas para desamargarlas. Se cortan en cruz por la parte redonda y se les deja el ápice por el otro lado. Se colocan en agua con limón. Se pone a hervir agua en una paila, se echan las brevas y se dejan conservar hasta que estén tiernas, se retiran del fuego y se escurren. Se hace una miel con la panela o con el azúcar y se echan las brevas a calar durante 6 horas a fuego

medio. Si es necesario se le agrega más agua y más panela o azúcar.

Las brevas no son difíciles de preparar pero sí es una labor dispendiosa. Se sugiere preparar una buena cantidad y empacarlas al vacío*. Son la base para miles de postres, bizcochos, tortas, rellenos, etc. Es un dulce exquisito; con ariquipe o una tajada de queso es una delicia.

* Ver págs. 168, 169

dulce de grosellas.

2 libras de grosellas
1 panela
1 copa de aguardiente

Se lavan las grosellas y se
ponen en una olla con la
panela y agua suficiente que
las cubra. Cuando el almíbar
esté a punto de hoja*, se le
agrega la copita de
aguardiente. Se deja enfriar y
se guarda en frascos
esterilizados**.

* Ver pág. 80
** Ver pág. 168

postre mamasbina.

8 personas

12 brevas caladas y partidas
en cascos finos
24 cascos de guayaba**
1 caja de galletas sultana
1/4 de mantequilla
4 cucharadas de azúcar
1/2 taza de leche
1 cucharadita de vainilla*

Se bate la mantequilla con el
azúcar hasta que quede muy
suave y cremosa. En un plato
se mezcla un poco de leche
con la vainilla. Se remojan
las galletas y se dispone una
tanda en una bandeja; se
untan con la mantequilla
batida y se pone una capa de
brevas. Se pone otra capa de
galletas remojadas en la
leche, se untan nuevamente
de mantequilla y se pone una
capa de cascos de guayaba y
así hasta acabar. Al final se

decora con los mejores y más
bonitos cascos.

* Ver pág. 100
** Ver pág. 99

mermelada de uchuvas con flores de saúco.

1 libra de uchuvas
1 libra de azúcar morena
1 taza de agua
Flores de saúco

Se pone el agua y el azúcar
para preparar un almíbar.
Cuando comience a espesar,
se añaden las uchuvas
previamente lavadas. Se
dejan por 15 minutos o hasta
que la mermelada haya
tomado consistencia. Se
retiran del fuego y se le
añaden las flores de saúco
finamente picadas.
Se guardan en frascos
esterilizados*.

* Ver pág. 168

moras cristalizadas al sol.

*Moras que han estado en el
aguardiente**
*1 clara de huevo ligeramente
batida*
Azúcar granulada

Se ensarta cada mora en un
palillo, se unta con la clara de
huevo y luego con el azúcar.
Se clavan en media toronja y
se ponen a secar al sol.

* Ver pág. 105

aguardiente de moras.

1 kilo de moras maduras y despezonadas
2 botellas de aguardiente

Se ponen a marinar las moras con el aguardiente en un recipiente de vidrio o esmaltado por espacio de 2 meses. Luego se cuela y se embotella. Con las moras que han perdido su color se hacen las moras con aguardiente cristalizadas al sol.

helado de moras de Castilla.

8 personas

1 libra de moras
1 1/2 tazas de azúcar
1 taza de crema de leche
2 sobres de gelatina sin sabor
1 cucharada de jugo de limón

Se licúan las moras en una taza de agua. Se agrega el azúcar y el jugo de limón. Se cuela y se mezcla con la gelatina remojada en 1/2 taza de agua fría y luego disuelta en 1/2 taza de agua caliente. Se lleva al congelador por 1 hora. Se saca y se bate bien con la crema de leche. Se refrigera nuevamente. Se acompaña con dulce de moras.

dulce de moras.

1 libra de moras lavadas y despezonadas
1 libra de azúcar
1 cucharada de jugo de limón

Se ponen todos los ingredientes en una paila y se deja hervir hasta que la espuma cubra completamente las moras. Se puede servir con queso o con cuajada.

106

esponjado de tomate de árbol.

6 tomates de árbol
2 1/2 paquetes de gelatina
sin sabor
4 claras de huevo batidas a
punto de nieve
1/2 taza de crema de leche

Se licúan los tomates con
1 1/2 tazas de agua y azúcar
al gusto. Se cuela y se pone el
jugo en un perol. Se cocina a
fuego medio hasta que
hierva. Se apaga y se le
añade poco a poco la gelatina
previamente disuelta en 1/2
taza de agua. Se revuelve y
se pone en el congelador por
30 minutos o hasta que el
contenido esté cuajado. Se
saca, se le añade la crema de
leche y se licúa. Se pone en
una taza esmaltada en la
nevera 20 minutos o hasta

que comience a cuajar. Se
saca y se licúa de nuevo. Por
último se le añaden las claras
batidas a punto de nieve, en
forma envolvente con cuchara
de madera. Se vierte en un
molde de bonita forma,
aceitado o húmedo y se
vuelve a meter a la nevera
hasta que cuaje. Antes de
servirlo se desmolda y se
acompaña con crema
chantilly,* crema inglesa**
o con una salsa de fruta***.

* Ver pág. 108
** Ver pág. 69
*** Ver págs. 67, 110

milhoja de uchuvas.

8 personas

*1/2 libra de masa de hojaldre**
1/2 libra de uchuvas
Ralladura de 2 limones
2 tazas de crema chantilly

Se cortan 2 telas de masa de hojaldre de 12 centímetros de ancho por 20 de largo. Se coloca una de las telas encima de una lata para hornear. A la otra tela se le quita la parte del centro y se coloca encima. Se pica con un tenedor en el centro para que no se sople y no pierda la forma. Por los lados se barniza con un poco de leche y luego azúcar para que dore bien. Se asa en el horno a 350° hasta que dore. Se rellena con crema chantilly, se rocía con ralladura de limón y se decora con las uchuvas que han sido previamente introducidas por un momento en agua hirviendo y luego han sido peladas.

crema chantilly.

2 claras de huevo batidas a punto de nieve
1 frasco grande de crema de leche
Azúcar al gusto
1 cucharadita de brandy o de vainilla

Se bate la crema de leche con dos cubos de hielo, hasta que haga arrugas. Se retira el hielo, se agrega el azúcar y el brandy y se bate nuevamente. Se le añaden las claras en forma envolvente.

* Ver pág. 109

108

milhoja de moritas silvestres.

1/2 libra de masa de
hojaldre
1/2 de libra de moritas
silvestres
1 taza de crema chantilly*
1 taza de crema inglesa**

Se sigue el mismo
procedimiento que para la
milhoja de uchuvas.
Se rellena con las cremas y se
decora con las moritas.

masa de hojaldre.

1 libra de harina de trigo
1 libra de mantequilla
1 taza de crema de leche
1 cucharada de sal
1 cucharada de azúcar
1 clara de huevo batida
1 cucharada de jugo de limón

Se ponen sobre la mesa 3/4 de
de libra de harina. Se forma
un hueco en el centro y se
coloca allí la sal, el azúcar, la

clara de huevo y el jugo de
limón. Se moja con la crema y
si es necesario con un poco de
agua helada amasando lo
menos posible, hasta formar
una pasta suave. Se extiende
la masa no muy delgada, se
espolvorea con harina y se le
pone 1/4 de libra de
mantequilla en pedacitos. Se
dobla en forma de sobre y se
deja reposar 10 minutos en
un lugar fresco, cubierta con
una servilleta. Se extiende
con el rodillo. Se repite esta
operación 3 veces.

* Ver pág. 108
** Ver pág. 69

esponjado de tamarindo.

12 personas

3 yemas
3 claras a punto de nieve
1 1/2 tazas de azúcar
El jugo de 1 limón
1 taza de jugo de tamarindo
concentrado
4 sobres de gelatina sin sabor
1 taza de crema de leche

Se baten las yemas con el azúcar, se les agrega el jugo de tamarindo y el jugo de limón. Se bate hasta que la mezcla esté espesa. Se bate un poco la crema de leche y se le añade a la mezcla. Se le agrega la gelatina que se ha remojado en 1/2 pocillo de agua fría y luego se ha disuelto en 1/2 pocillo de agua caliente. Por último se le añaden las claras en forma envolvente. Se vierte en un molde aceitado y se lleva a la nevera. Se decora con hojas de chocolate y se acompaña con la siguiente salsa:

salsa de tamarindo.

1/4 de taza de jugo de tamarindo concentrado
1/4 de taza de azúcar
1 cucharada de jugo de limón
Uvas pasas
Jengibre finamente picado
2 cucharadas de Cointreau o de triple sec.

Se hace un almíbar a punto de hilo* con el azúcar y media taza de agua. Se le añade el tamarindo, el jugo de limón, las uvas pasas y el jengibre. Se deja hervir 5 minutos y se retira del fuego. Se le añade el licor.

* Ver pág. 80

110

torta de navidad con frutas tropicales.

1 libra mezclada de:
   Cascos de guayaba*
   Papaya calada**
   Brevas caladas***
   Piña calada****
   Uvas pasas
   Uchuvas
   Ciruelas pasas
1/4 de libra de nueces picadas
La ralladura de 1 naranja y de 1 limón
El jugo de 1 naranja
1 libra de mantequilla
1 libra de azúcar
10 huevos

1 libra de harina de trigo cernida
2 cucharaditas de polvo para hornear
1/2 taza de tintura de panela
1 taza de vino dulce
4 cucharadas de miel de abejas

Se ponen a remojar todas las frutas finamente picadas con el jugo de naranja. Se bate la mantequilla con el azúcar hasta volverla crema. Se agregan las yemas una a una y luego las claras previamente batidas a punto de nieve. Luego se le agregan las frutas, el quemado de panela, y por último la harina cernida con el polvo para hornear. Se bate con suavidad toda la mezcla. Se vierte en un molde forrado en papel parafinado, engrasado

y enharinado. Se asa en el horno a 275° durante 2 1/2 horas o hasta que al introducir un cuchillo salga limpio. Se desmolda la torta y se remoja con el vino mezclado con la miel de abejas.

* Ver pág. 99
** Ver pág. 52
*** Ver pág. 100
**** Ver pág. 54

chutney de tamarindo.

1 1/2 libras de tamarindo
1 1/2 libras de cascos de
guayaba finamente picados.
1 taza de piña calada* en
cuadritos
1 1/2 libras de azúcar
morena o 1 1/2 panelas
1 botella de vinagre
1/2 libra de uvas pasas
1 astilla de canela
3 clavos de olor
1 cucharadita de sal
1 pimentón finamente picado
2 dientes de ajo finamente
picados

3 cebollas cabezonas
pequeñas finamente picadas
1 cucharada de mostaza
1 cucharadita de jengibre
finamente picado (opcional)
Sal y pimienta fresca molida
Ají al gusto

Se ponen los tamarindos a
remojar en el vinagre. Se
baten con un molinillo para
que la pulpa desprenda y se
cuela tratando de extraer la
mayor cantidad de jugo. Se
ponen todos los ingredientes
juntos y se dejan hervir
durante 30 minutos. Se vierte
en frascos esterilizados**.

jugo concentrado de tamarindo.

Se pone el tamarindo en una
jarra de barro, se cubre con
agua, se le agrega azúcar al
gusto y se deja en remojo
toda la noche. Se bate con un
molinillo de madera para que
desprenda la pulpa y se
cuela. Este jugo se puede
conservar en el congelador.

* Ver pág. 54
** Ver pág. 168

dulce de tomate de árbol.

12 tomates de árbol, pelados y con los tallitos
1 libra de azúcar o 1 panela
3 tazas de agua
El jugo de 3 maracuyás

Se ponen a hervir dos tazas de agua y se sumergen los tomates durante 1 minuto para desamargarlos. Se escurren y de nuevo se ponen a hervir en la taza de agua restante y el jugo de maracuyá con el azúcar o con la panela. Se dejan conservar durante 15 a 20 minutos hasta cuando se vean brillantes y el almíbar haya tomado consistencia. No se deben revolver porque se desbaratan. Se dejan enfriar para servirlos.

receta para mermeladas.

Por una taza de fruta, se agrega de 3/4 a 1 taza de azúcar.
Para conservar el color y evitar la cristalización se debe añadir
siempre una cucharada de jugo de limón.
Si se quiere una consistencia gelatinosa, se colocan las pepas
de la fruta, que contienen pectina, en una bolsita de tela y se
ponen durante todo el tiempo de cocción.

jalea.

Se hierve la fruta con suficiente agua que las cubra durante 15
minutos. Se pone a escurrir en un trapo limpio durante toda la
noche. Al día siguiente se agrega el azúcar y se pone a
conservar a fuego medio hasta que dé punto de hoja*. Debe
quedar transparente.

compota.

Se licúa la fruta y se pone a conservar con el azúcar.

mermelada.

Se cortan las frutas en trozos, se les agrega el azúcar y se
ponen a conservar.

* Ver pág. 80

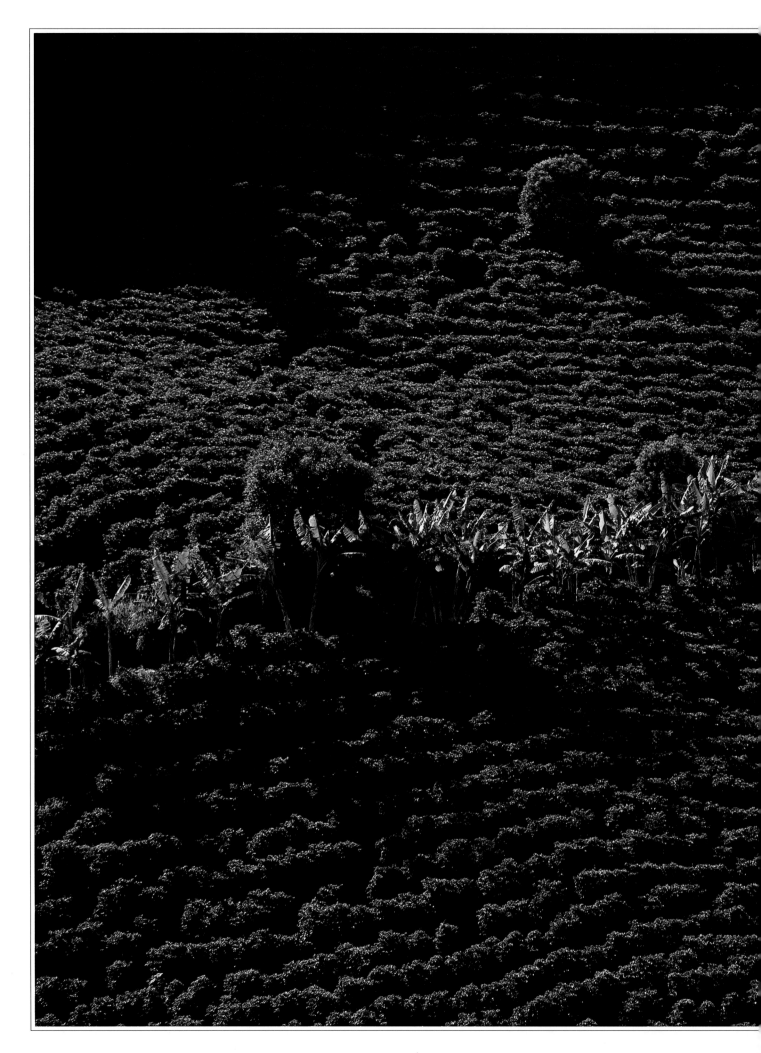

Cultivo de café con platanales en Manizales, Caldas.

Las musáceas provienen del sudeste asiático, de zonas de alta precipitación y humedad. La más antigua noticia procede de la India. Posiblemente el plátano silvestre lo utilizó el hombre desde el comienzo de su existencia.

En la Edad Media, los cristianos llamaron al banano "pomum paradisi" y creyeron que era el fruto prohibido del que se sirvió la serpiente tentadora para hacer pecar a nuestra madre Eva; el banano fue el verdadero árbol de la ciencia del bien y del mal. De estas antiguas tradiciones se hizo eco Linneo, al combinar el nombre árabe "mauz", con los calificativos de sapientium y de paradisíaca, para designar las dos primeras especies de musáceas, la del guineo y la del hartón. Otros creen que la voz musa la empleó Linneo en honor a Antonio Musa, célebre botánico italiano.

El plátano fue llevado a las Islas Canarias por los portugueses en 1402 y de ahí pasó al Nuevo Mundo en 1516 cuando un fraile dominico introdujo un clon en Santo Domingo. Desde entonces comenzó a extenderse por el continente americano. En cuanto al banano, no se sabe con certeza su patria, pues todos los países tropicales se la disputan.

Los clones de los plátanos "Sikgif" y el "French Plantain" fueron los primeros clasificados en América. Dentro de los bananos, las variedades "Gross Michel" y "Cavendish" se introdujeron a comienzos del siglo XIX. La diferencia entre unos y otros plátanos y unos y otros bananos está en el color, el tamaño, el número de dedos o frutos por gajos, el número de manos en un racimo, el color de la florescencia y el tamaño de la hoja en la planta.

Banano

Musa sapientum L.

$\mathcal{R}$ecibe los nombres vernáculos de banano, habano, guineo, cambur y gross Michel.

En el género *Musa* existen numerosos clones. Clon es el conjunto de individuos procedentes de uno originario por alguno de los procedimientos de multiplicación asexual (división, injerto, esquejes, estacas, etc.).

De *Musa sapientum* L. se han registrado los siguientes clones para Colombia: banano, mysore, guayabo, guineo, manzano, y pigmeo.

Por su alto contenido nutritivo, el banano es una de las comidas predilectas de los bebés y los niños.

Del banano se prepara una harina blanda y aromática, superior a todas las demás harinas, dulce y nutritiva, de fácil digestión, muy apropiada para individuos debilitados, enfermos y convalecientes.

La fruta se compone principalmente de agua, carbohidratos y cierta cantidad de proteínas y grasas. La ceniza del plátano es rica en magnesio, sodio, fósforo y nitrógeno. La fruta, en su estado verde, contiene más almidón y menos azúcar que la madura; posee todos los elementos básicos para el organismo.

El banano se debe pelar y comer inmediatamente, pues se negrea muy rápido. Se puede conservar en la nevera; aunque la cáscara se ponga negra, el interior permanece intacto.

Para escoger bien el banano se debe buscar que sea amarillo, ligeramente verdoso hacia los extremos, duro pero no tieso. Puede dejarse, entonces, madurar un par de días.

100 g. de fruta comestible contienen:		
	Banano común	Banano bocadillo
Agua	74,8	69,1 g
Proteínas	1,2	1,2 g
Grasa	0,1	0,1 g
Carbohidratos	22,0	27,4 g
Fibra	1,0	1,5 g
Cenizas	0,9	0,7 g
Calcio	6	5 mg
Fósforo	25	26 mg
Hierro	0,5	0,4 mg
Vitamina A	220	200 U.I.
Tiamina	0,04	0,04 mg
Riboflavina	0,03	0,04 mg
Niacina	0,7	0,5 mg
Acido ascórbico	10	10 mg
Calorías	84	104 cal

Plátano

Musa paradisiaca L.

$\mathcal{S}$e le llama hartón y dominico.

De *Musa paradisiaca* L. se hallan los siguientes clones: maqueño, negro, trucho, madre del plátano, liberal y hartón.

El plátano es una de las frutas tropicales más importantes, alimento poderoso y de fácil asimilación. Constituye una de las bases alimenticias para millones de colombianos, renglón asociado y complementario del café. Estadísticas de las regiones del Gran Caldas y el suroeste antioqueño indican consumos hasta de 300 kilos al año por persona.

Para escoger bien el plátano, debemos ver que el tamaño de cada dedo sea grande, grueso en la mitad, que no esté aporreado, quemado, ni tenga daños por plagas. Un plátano mediano pesa aproximadamente 300 g. Si el plátano se compra demasiado biche, se pasma y no termina de madurar sino que se seca. Mientras más maduro esté el fruto, más rico es; se puede dejar negrear totalmente usándolo justo antes de que se pase. Sólo la experiencia puede enseñar cuál es el punto óptimo para cada uso.

Lo ideal es colgar el racimo del vástago para que éste le siga dando alimento al fruto hasta el momento de su consumo. El lugar debe estar protegido del viento y del aire frío. No se debe colocar en la nevera pero le conviene un lugar fresco.

100 g. de fruta comestible contienen:		
	Hartón maduro	Dominico verde
Agua	60,8	59,7 g
Proteínas	1,1	1,2 g
Grasa	0,2	0,1 g
Carbohidratos	36,3	37,4 g
Fibra	0,6	0,7 g
Cenizas	1,0	0,9 g
Calcio	5	5 mg
Fósforo	30	31 mg
Hierro	0,5	0,5 mg
Vitamina A	540	1.000 U.I.
Tiamina	0,07	0,07 mg
Riboflavina	0,03	0,03 mg
Niacina	0,5	0,6 mg
Acido ascórbico	15	20 mg
Calorías	137	140 cal

sopita de plátano.

8 personas

4 litros de agua
2 libras de costilla de res
3 plátanos "niños"
2 libras de papas finamente
picadas
Sal

Se prepara un caldo sustancioso, con la costilla de res. Cuando la carne esté tierna, se le agregan las papas y el plátano (picado con la uña, esto con el fin de que el plátano no se negree). Se deja conservar. Se sirve acompañado de una salsa preparada con cilantro, cebolla larga, agua, limón, sal y ají.

torta de banano.

1 1/2 tazas de harina de trigo
cernida
1/4 de libra de mantequilla
1 taza de azúcar
3 huevos
1 taza de bananos triturados
1 cucharadita de bicarbonato
de soda
1 cucharadita de polvo para
hornear
3 cucharadas de leche

Se bate la mantequilla con el
azúcar hasta que esté
cremosa. Se le agregan los
huevos, los bananos, la
harina cernida con el polvo de
hornear y el bicarbonato,
alternando con la leche. Se le
puede agregar una
cucharadita de esencia de
vainilla. Se vierte en un
molde engrasado y se lleva al
horno precalentado a 300°
durante 1 hora.

plátanos mareños con salsa de maracuyá.

6 personas

6 plátanos mareños bien
maduros
El jugo de 3 maracuyás
1/4 de panela rallada
1/4 de libra de mantequilla
5 cucharadas de miel de
abejas
Quesillo

Se pelan los plátanos y se
colocan en un molde
refractario, se agregan los
demás ingredientes y se
reserva el quesillo, se meten
al horno a 375° hasta que
estén calados. Se abren los
plátanos por el centro y se les
agrega el quesillo. Se ponen
al horno y cuando derrita el
queso, se sirven bien
calientes.

Son un delicioso final para
una comida típica. También
pueden acompañar carnes o
pollos.

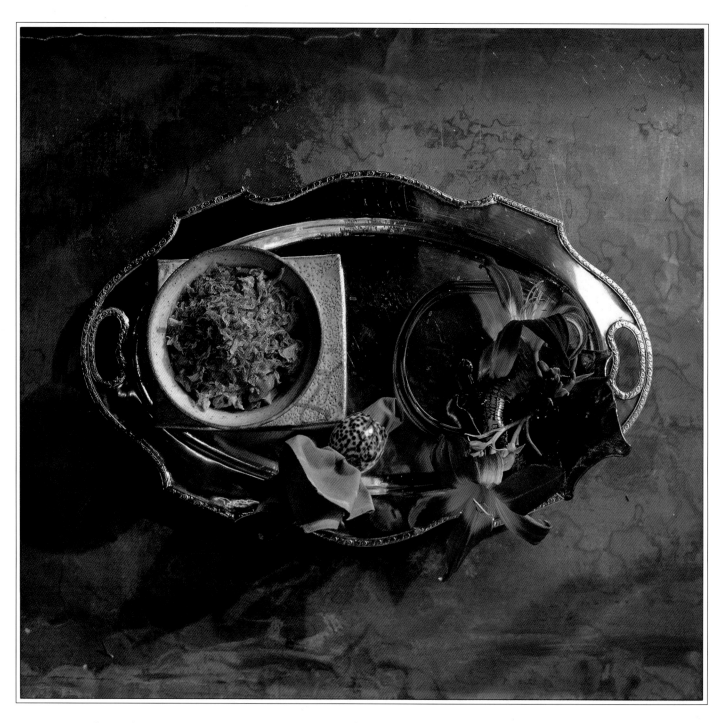

cazuela de pollo y plátano maduro.

6 personas

6 papas ralladas y freídas
2 plátanos maduros cortados
en cuadritos y fritos
1 tarro de pasta de tomate
2 tazas de un buen caldo
6 salchichas picadas
1/2 pollo
1/4 de libra de queso
amarillo cortado en cuadritos
Mantequilla
6 huevos

Se suda el pollo en un buen
guiso y dos tazas de agua. Se
deshilacha y se mezcla con la
pasta de tomate disuelta en
el caldo. Se revuelven todos
los ingredientes y se ponen
en cazuelas individuales
untadas de mantequilla. Se
echa un huevo encima en
cada cazuela y se meten al
horno hasta que el huevo esté
cocinado. A tiempo de servir
se adornan con las papitas
fritas.

tarta de banano.

Masa
Salsa inglesa*
Crema chantilly**
Ralladura de limón
8 bananos cortados en
rodajas y salteados en
mantequilla y si se quiere
flameados con brandy y ron

masa.

1/2 libra de mantequilla
2 tazas de harina
1/2 taza de azúcar
1 cucharadita de polvo para
hornear
1 huevo
1 pizca de sal

Se mezclan todos los
ingredientes hasta formar
una bola y se pone en el
centro de un molde
previamente engrasado y
enharinado. Se aplana con los
dedos hasta forrarlo bien. Se
pica con un tenedor para que
no se sople. Se lleva al horno
precalentado a 350° durante
20 o 25 minutos.
Una hora antes de servir la
tarta, se parten los bananos
en rodajas, se saltean en
mantequilla y se ponen sobre
la masa ya asada. Se cubren

con la salsa inglesa, y luego
se decora con la crema
chantilly. Se le rocía la
ralladura del limón y se lleva
al congelador 1 hora antes de
servirlo.

* Ver pág. 69
** Ver pág. 108

bananos calados.

6 personas

9 bananos
1 cucharada de ralladura de limón
1 cucharada de jugo de limón
4 cucharadas de mantequilla
(no se necesita azúcar)

Se precalienta el horno a 175°. En una refractaria, se echa la mantequilla, la ralladura, el jugo de limón y se mete al horno por 2 o 3 minutos, es decir, el tiempo suficiente para que se derrita la mantequilla. Mientras tanto se pelan los bananos, se untan con la mezcla de mantequilla y se meten al horno a 350° C durante 30 minutos. Se sirven bien calientes.

Variaciones: A esta misma receta se le agrega crema de leche.
Se puede pasar crema de leche aparte en una salsera.
Se flamean con 1/4 de taza de ron previamente calentado.

Son deliciosos como postre o para acompañar platos al curry, cerdo o pollo.

bananos bocadillos envueltos en tocineta.

6 personas

6 bananos bocadillos
6 tiras de tocineta
Palillos de madera

Cada banano se envuelve en una tira de tocineta y se asegura con un palillo. Se ponen en una sartén a fuego fuerte y se voltean por todos los lados para que la tocineta se frite bien en su propia grasa. Se sirven bien calientes.

nido de chocolate con crema de banano.

nidos.

1/4 de libra de chocolate puro en trozos o rallado
1/4 de taza de aceite vegetal

Se recubren moldes individuales cuadrados o redondos con papel de aluminio doble. En una olla se funde el chocolate con el aceite. Se vacía en cada molde y se inclina de un lado hacia el otro para que quede totalmente cubierto. Se repite el proceso dos veces.
Se dejan en un lugar fresco y seco hasta que el chocolate esté completamente endurecido. Se retira suavemente el papel de aluminio.

crema de banano.

6 personas

1/2 taza de crema de leche
1 cucharada de azúcar en polvo
1 sobre de gelatina sin sabor
1 cucharadita de esencia de vainilla
3 cucharadas de ron
3 bananos triturados
1/4 taza de agua caliente

Se disuelve la gelatina en el ron y se le añade el 1/4 de taza de agua bien caliente. Se bate la crema de leche con el azúcar, se le agrega el puré de banano y por último la gelatina y el ron. Se mezcla bien y se vierte en los nidos de chocolate. Se dejan enfriar. Se pueden servir acompañados con barquillos.

Esta deliciosa crema sirve además para rellenar tartas, tortas, canastas de hojaldre o moldecitos individuales.

bananos bocadillos cubiertos con chocolate.

Bananos bocadillos
1 frasco de cubierta de
chocolate
Palillos largos de madera

Se coloca la cubierta de chocolate al baño de maría. Los bananos se pelan y se insertan en los palillos. Cuando la cubierta esté completamente diluida se sumergen los bananos en el chocolate. Se sacan y se dejan secar clavados en una toronja, o parados en un frasco. Se pueden decorar con chocolate blanco, con grageas de colores.

tajada de plátano maduro.

El plátano se puede comer verde o maduro cuando su cáscara
es amarilla o negra, y su sabor suave y dulce. En ningún caso
se debe comer crudo.

El plátano amarillo maduro y especialmente el negro se corta
en mitades longitudinales, se fríe en aceite bien caliente, se
coloca sobre toallas de papel para que absorban la mayor
cantidad de aceite. Se sirve caliente.

Se puede cortar diagonalmente en porciones de 10 cm. de
longitud, rebanarse verticalmente, en rodajas o cortarse en
pequeños cubos para freírse.

Otra forma deliciosa de comer plátano maduro: se coloca en
una refractaria una capa de rebanadas de plátano, una de
bocadillo, una de queso blanco y una de trocitos de mantequilla
y crema, se recubre con una capa de claras de huevo batidas
hasta que adquieran consistencia y levemente endulzadas. Se
coloca en el horno a 350° durante 15 minutos. Se sirve
caliente.

El plátano verde se pela con la mano, así la pulpa no se oxida.
Se cortan rebanadas de 5 cm. de espesor, se fríen en aceite
bien caliente, se retiran antes de que doren, se machacan y
luego se fríen nuevamente hasta que estén tostadas. Se sacan,
se colocan sobre papel absorbente, se rocían con sal y se sirven
calientes, estos son los famosos "patacones" que acompañan
muchos platos típicos colombianos.

Cañón de la Cordillera Central de Colombia.

Aguacate

Persea americana Miller

Parece que el aguacate existe desde hace varios milenios. Los arqueólogos han encontrado abundantes restos de semillas en México —con orígenes que se remontan a 8.000 años a. C.— y en Perú, con una antigüedad de 2.000 años a. C. No se sabe exactamente cuándo se comenzaron a cultivar los árboles, pues originalmente se recogían las cosechas silvestres. Los Incas introdujeron la planta al Perú entre 1450 y 1475. Cuando los conquistadores invadieron los imperios Azteca e Inca, a principios del siglo XVI, encontraron ya extensos cultivos domésticos de aguacate en una inmensa zona de la América tropical.

Esta fruta le ha proporcionado a la humanidad una nutritiva fuente de alimentos, rica en aceites y proteínas. En la zona cafetera, una bandeja de fríjoles o un sancocho siempre van acompañados de una buena tajada de aguacate. Se utiliza mucho para darle cuerpo a las ensaladas.

La época de cosecha del aguacate nativo es entre mayo y agosto. Entre septiembre y diciembre se cosechan las variedades mejoradas.

El aguacate es de la familia del laurel. Antes que hablar de variedades hay que hablar de razas: la brasileña, de pulpa dulce, redondo, con cáscara rugosa y verde oscura; la mexicana, con frutos relativamente pequeños, de cáscara delgada y suave, color verde claro hasta oscuro, y alto contenido de grasa; la guatemalteca, de cáscara gruesa y quebradiza, áspera por fuera, color desde verde oscuro a café negruzco y mediano contenido de grasa; la antillana, originaria de la Sierra Nevada de Santa Marta y la más común en Colombia, con frutos grandes —entre 400 y 2.000 g.— cuello largo y cáscara lisa con coloración que varía desde verde claro o amarillo hasta verde oscuro y morado.

Es uno de los frutos más alimenticios, digestivos y sanos que pueda existir. El aguacate remplaza parcialmente la carne porque tiene un valor nutritivo comparable. Contiene 11 vitaminas, 14 minerales y además, proteínas; 1 aguacate contiene aproximadamente 280 calorías. El contenido de hidratos de carbono es bajo y no contiene colesterol. Es pobre en sodio y en azúcar, y la pulpa no tiene almidón. Del 4% al 30% de un aguacate es grasa. Su aceite, de muy fácil digestión, es comparable al aceite de oliva, y se puede usar para los mismos fines.

Para saber si un aguacate está maduro, no se debe regir por el color de la cáscara, pues éste difiere notablemente de una variedad a otra; sin embargo, la aparición de manchas negras en la piel indica la madurez. Al apretar levemente la fruta con los dedos se debe sentir un poco blanda. Si se tienen dudas, se introduce un palillo cerca del ápice y si éste entra con facilidad, el aguacate está maduro. Cuando no está suficientemente maduro, su sabor es amargo.

El aguacate se debe almacenar en un lugar cálido y ventilado, pero no se puede apresurar su maduración colocándolo en lugares calientes porque le quedará el gusto amargo. Si se envuelve en papel periódico, se madura un poco más rápido.

Se puede guardar en la nevera un aguacate ya partido si se le deja la pepa, se le rocían unas goticas de limón y se recubre con un plástico. El aguacate entero no se debe congelar, pero ya preparado en esponjados, sopas o helados, sí es posible hacerlo.

100 g. de parte comestible contienen:	
Agua	79,7 g
Proteínas	1,6 g
Grasa	2.0 -13,3 g
Carbohidratos	3,0 g
Fibra	1,6 g
Cenizas	0,8 - 5,8 g
Calcio	10 mg
Fósforo	40 mg
Hierro	0,4 mg
Vitamina A	30 U.I.
Tiamina	00,5 mg
Riboflavina	0,12 mg
Niacina	1,4 mg
Acido ascórbico	5 mg
Calorías	127 cal

aguacate con palmitos de mar.

4 personas

2 aguacates
Palmitos de mar
1 diente de ajo
1 manojo de berros lavados y
deshojados
Los cascos pelados de 1
naranja tangelo
4 cucharadas de aceite vegetal
4 cucharadas de jugo de
naranja
1 cucharada de vinagre de
frutas
1/2 cucharadita de semillas
de apio

1/2 cucharadita de orégano
4 aceitunas negras
Sal y pimienta recién molida
al gusto

Con el diente de ajo se unta
una ensaladera de madera.
Se ponen los demás
ingredientes y se mezclan.
Se cortan los aguacates por la
mitad, se rellenan y se
decoran con la aceituna. Se
sirven inmediatamente.

Esta es una entrada exquisita
para una comida elegante, y
también un plato ideal para
un té-comida.

ensalada de aguacate con cebolla y cilantro.

6 personas

3 aguacates, pelados y
cortados al gusto
Hojas de lechuga
desmenuzada con las manos
Tomate cortado al gusto
Cebolla cabezona cortada en
rodajas finas.

Se pone la cebolla en remojo
en agua con sal durante 1
hora y se escurre.
Se arregla una bandeja con
los ingredientes y se bañan
con una salsa preparada así:

Se mezcla:
El jugo de 1/2 limón
3 cucharadas de aceite
vegetal
1 cebolla cabezona roja,
finamente picada
1 cucharada de cilantro
finamente picado
Sal y pimienta al gusto
1 cucharadita de azúcar
1 cucharadita de mostaza

ensalada de aguacate, feijoas y toronja a la menta.

6 personas

2 aguacates cortados en
cuadros
Los cascos de 1 toronja,
pelados y cortados en trozos
3 feijoas cortadas en rodajas
1/4 de libra de champiñones
cortados en láminas
3 tomates cortados en cubos
1/2 pimentón finamente
picado
1/2 pepino cohombro pelado y
cortado en cuadros

Se mezclan estos ingredientes
en una ensaladera y se rocían
con la siguiente salsa:

1/2 limón
2 cucharadas de vinagre de
fruta
1 cucharadita de mostaza
5 cucharadas de aceite de
oliva
3 cucharadas de hojas de
menta finamente picadas
1 cucharadita de azúcar
Sal y pimienta fresca molida
al gusto

En una taza se mezclan el
jugo de limón, el vinagre, la
mostaza, el azúcar, la sal y la
pimienta. Luego se añade el
aceite y se bate bien con un
batidor de mano. Se agrega la
menta. Se deja marinar
durante una hora y se sirve.

aspic de aguacate.

12 personas

3 aguacates
3 huevos duros separados
2 cucharadas de crema de leche
1 cebolla cabezona rallada
2 sobres de gelatina sin sabor
1 cucharada de cilantro picado
El jugo de 1/2 limón
Ají tabasco
1/2 taza de vino blanco seco
Aceite de almendras
Sal

Se trituran los aguacates con un tenedor, se agregan los demás ingredientes, sin las claras. Se licúan con el jugo de limón. Se remoja la gelatina en el vino y se disuelve en 1/2 taza de agua hirviendo. Se le agrega a la preparación anterior. Se vierte en un molde engrasado con el aceite de almendras y se lleva a la nevera. Se desmolda y se decora con las claras de huevo finamente picadas.

pechugas de pollo con salsa roquefort.

6 personas

6 pechugas deshuesadas, cortadas en dos y sin pellejo. Se adoban con brandy, sal y pimienta y se cocinan al vapor.
2 aguacates en rodajas

En una bandeja se colocan rodajas de aguacate y encima las pechugas que se cubren con la siguiente salsa:

salsa roquefort.

1 aguacate
El jugo de 1 limón
1/2 taza de crema agria
1 cebolla cabezona pequeña finamente picada
3 cucharadas de queso roquefort
2 cucharadas de crema de leche batida
Sal y pimienta recién molida, al gusto

Se licúan todos los ingredientes hasta formar una mezcla suave.

mayonesa de aguacate.

1 aguacate maduro machacado
2 dientes de ajo pelados
1 cucharadita de sal
1 cucharadita de azúcar
1 huevo
2 cucharaditas de vinagre
1 cucharadita de mostaza
2 cucharadas de jugo de limón
Aceite de olivas o de girasol al gusto
2 cucharadas de perejil
Pimienta negra molida

Se reserva el aceite y se mezclan en la licuadora los demás ingredientes. Luego, mientras se bate se agrega lentamente y en un chorro fino, el aceite. Se guarda en la nevera con la pepa del aguacate (para que no se oxide), en un recipiente tapado con un plástico. Se saca de la nevera con anticipación, se retira la pepa y se sirve a temperatura ambiente.

Cultivo de palmas de corozo en Santágueda, Caldas.

Coco

Cocos nucifera L.

*P*arece ser oriundo del Pacífico y de allí se propagó hasta las lejanas islas de Oceanía y el extremo asiático.

Su palma es llamada cocotero. Existen unas 40 variedades y son aprovechables todas sus partes. Crece desde el nivel del mar hasta los 1.500 m. Entre las variedades principales encontramos: la Alta del Caribe con frutos alargados y angulosos; la Alta del Pacífico, de nueces redondeadas y de mayor tamaño; la Enana de Malaya, con muchos frutos por racimo y la Enana de Honda, con nueces más pequeñas.

Los cocos varían de tamaño. Un coco mediano de 1 libra rinde aproximadamente 2 1/2 tazas de coco rallado. Su carne se consume al natural o rallada y tostada, lo cual refuerza su sabor ligeramente dulce. Para sacar la leche, se ralla y se exprime con la mano varias veces, enjuagando con un poquito de agua.

Se preparan toda clase de platos: el afamado arroz con coco, cocadas, flanes, sopas y pescados; el sancocho con leche de coco queda muy bien con sábalo. El agua de coco es una bebida refrescante y alimenticia; inclusive se afirma que produce buen humor. Tiene alto contenido de carbohidratos, grasas y minerales; sin embargo, pierde su buen gusto a las pocas horas de abierto el coco. En Colombia cuando el fruto está verde, se le llama pipa y se utiliza como bebida como bebida refrescante pues contiene gran cantidad de agua y poca pulpa.

Los usos del coco son diversos. Del tejido fibroso que lo recubre los pescadores hacen esteras, elementos de pesca, redes y velas para sus barcas. Además, la fibra es utilizada en cepillos, relleno para colchones y tapicería de automóviles, producción de carbón vegetal, filtros y otros usos. De la cáscara dura se elaboran recipientes para lámparas que se complementan con mechas de aceite de fibra y combustible extraído del mismo fruto; también vasijas, cajas, cucharas, un fino enchape para muebles, hebillas y botones. Media tapa de coco sirve en una canoa para achicar. Su carne deshidratada al sol sirve para preparar glicerina, aceites culinarios, lubricantes y combustibles, velas, ungüentos, cosméticos, cremas de afeitar, dentífricos y champús. El residuo también es utilizado como materia prima en alimentos concentrados para el ganado y, finalmente, la hoja sirve para techar.

El exterior debe ser duro, con la corteza color café y fibrosa. Al removerlo se comprobará que tiene líquido adentro. No debe tener moho alrededor de los ojos, que son unos puntos negros cerca del ápice.

Es aconsejable mantener refrigerado un coco fresco.

100 g. de parte comestible contienen:	
Agua	53,9 g
Proteínas	3,6 g
Grasa	27,0 g
Carbohidratos	10,2 g
Fibra	4,2 g
Cenizas	1,1 g
Calcio	7 mg
Fósforo	80 mg
Hierro	1,3 mg
Vitamina A	0 U.I.
Tiamina	0,05 mg
Riboflavina	0,02 mg
Niacina	0,5 mg
Acido ascórbico	5 mg
Calorías	274 cal

Corozo

Scheelea butyracea Karsten.

La palma de corozo es propia de climas muy cálidos, entre 500 y 1.000 m. sobre el nivel del mar, llegando en pleno desarrollo a una altura de 30 m.

El fruto, de un color amarillo hasta naranja subido, perfumado y con cubierta coriácea, encierra la nuez.

Los indígenas fabrican del corozo una chicha muy crasa y fresca. De la parte carnosa de la nuez se extrae manteca y aceite. Con esta fruta también se preparan unas deliciosas melcochas.

La fruta está lista para ser cosechada cuando el corozo se pone rojo.

Chachafruto

Erythrina edulis Triana.

Se encuentra en todo el mundo, con mayor abundancia en las zonas tropicales de América, en donde se desarrolla muy bien entre los 800 y los 2.300 m. sobre el nivel del mar.

El género *Erythrina,* en la familia de las leguminosas, llamado así por el color rojo de sus flores, comprende 30 o más especies. Las unas son arbustos cultivados en los jardines como ornamentales; otras son grandes árboles silvestres de escasos usos industriales.

Este árbol hermoso y ornamental, de altura muy variable, crece rápidamente y da buen sombrío; resulta muy apropiado como poste para cercas vivas.

El chachafruto es una fruta que, cocinada y comida con sal, encanta a los paladares refinados. Sus semillas, parecidas a los fríjoles, son muy alimenticias.

100 g. de parte comestible contienen:	
Agua	80,5 g
Proteínas	4 g
Grasa	0,1 g
Carbohidratos	13,3 g
Fibra	1,0 g
Cenizas	1,1 g
Calcio	0,016 mg
Fósforo	0,078 mg
Hierro	0,012 mg
Vitamina A	0 U.I.
Tiamina	0,09 mg
Riboflavina	0,05 mg
Niacina	0,9 mg
Acido ascórbico	15 mg
Calorías	100 cal

Chontaduro

Bactris gasipaes H.B.K.

Prospera en áreas cálidas y húmedas desde el nivel del mar hasta los 1.800 m. de altitud.

No existe hasta ahora una clasificación de las variedades del chontaduro; solamente se han notado algunas diferencias entre los frutos en cuanto a tamaño, color y forma. Su tamaño es variable y su peso va desde 20 hasta 100 g. El color cambia desde el verdoso, en la inmadurez, hasta amarillo-anaranjado, encendido y ocre.

Su nombre viene de las palabras quechuas "chota" (palma) y "ruru" o "runtu" (hueso). Es producida por una alta y grácil palma espinosa, originaria de América ecuatorial, que fue domesticada y cultivada por los indígenas quienes la aprovecharon para su alimentación. El leño del tronco les sirvió, por ser muy duro, para elaborar lanzas y flechas. El gusto por el pejibaye, como también se le conoce, decayó paulatinamente a partir de la Conquista, hasta el punto de llegar a encontrarse en vía de extinción en algunos países. En el Pacífico colombiano se le aprecia mucho y ahora se vende hasta en las esquinas de los centros de las grandes ciudades.

Como planta, el chontaduro figura en las tradiciones, mitos y creencias religiosas de los pueblos tropicales de América. Muchos documentos refieren la cosecha del chontaduro como motivo y ocasión de fiestas populares. Entre los ticunas de la Amazonia, al chontaduro o pijuayo, como allí se denomina, se le consagra como la palmera del amor, con poderes especiales en las fiestas y compromisos matrimoniales.

Su fruto es un alimento completo, especialmente rico en vitamina A, con altas proporciones de proteínas, carbohidratos, sales minerales y materias grasas. No se come crudo sino cocinado con sal; es de digestión difícil aunque es un alimento completo. En algunas regiones lo preparan con leche, azúcar y aguardiente para hacer una bebida similar al sabajón. Los nativos de la costa del Pacífico colombiano le atribuyen propiedades fertilizantes y es muy apreciado por las mujeres para tal efecto. Sus cosechas son dos al año. El contenido de caroteno es tan alto que se ha recomendado como fuente industrial de esta sustancia. Es una de las maravillas del trópico americano.

Debe ser de buen tamaño y no demasiado duro.

100 g. de parte comestible contienen:	
Agua	52,2 g
Proteínas	3,3 g
Grasa	4,6 g
Carbohidratos	37,6 g
Fibra	1,4 g
Cenizas	0,9 g
Calcio	23 mg
Fósforo	47 mg
Hierro	0,7 mg
Vitamina A	7.300 U.I.
Tiamina	0,04 mg
Riboflavina	0,11 mg
Niacina	0,9 mg
Acido ascórbico	20 mg
Calorías	185 cal

Borojó

Borojoa patinoi Cuatrecasas.

Se trata de un árbol de 5 m. de altura que crece en el Pacífico chocoano por la condición cálida y lluviosa de la zona. Allí donde es común y muy cotizado por supuestas cualidades afrodisíacas, se utiliza de preferencia para preparar refrescos y conservas.

Beber jugo de borojó después de hacer ejercicio, con un poco de miel de abejas pura, resulta muy tonificante. Es uno de los frutos tropicales altamente alimenticios.

El borojó es notable por su aroma. Es un fruto de apariencia engañosa, aspecto insípido y hasta repelente, pero es exquisito. El fruto es de forma redondeada, de unos 10 cm. de diámetro, cáscara color verdoso pardo y pulpa clara, generalmente blanda que se puede extraer y guardar en la nevera. Esta se negrea fácilmente, lo cual no indica que esté dañada.

100 g. de parte comestible contienen:	
Agua	64,7 g
Proteínas	1,1 g
Grasa	0 g
Carbohidratos	24,7 g
Fibra	8,3 g
Cenizas	1,2 g
Calcio	2 5 mg
Fósforo	160 mg
Hierro	1,5 mg
Vitamina A	0 U.I.
Tiamina	0,30 mg
Riboflavina	0,12 mg
Niacina	2,3 mg
Acido ascórbico	3 mg
Calorías	93 cal

crema de chontaduro.

6 personas

12 chontaduros
2 tazas de leche
4 tazas de un caldo
sustancioso
1/2 cucharadita de salsa
negra
1 cucharada de mantequilla
Pimienta negra recién molida
Sal al gusto

Se cocinan los chontaduros, se pelan y se les quitan las pepas. Se licúan con el caldo y se llevan al fuego con la leche y los aliños. Se deja hervir 10 minutos y se revuelve constantemente. Se le agrega 1 cucharada de mantequilla y se sirve en platos individuales. Se les pone una cucharadita de crema de leche y se llevan a la mesa bien calientes.

sopa de coco.

1 libra de hueso carnudo
6 tazas de agua
2 cocos
2 cucharadas de maizena
1/4 de libra de mantequilla
1/2 botella de leche
1/2 taza de crema de leche
fresca
Sal y pimienta al gusto
Almendras

Se preparan 6 tazas de caldo con el hueso. Se rallan los cocos con la cáscara delgada, se mezclan con dos tazas del caldo caliente y se exprime en un lienzo, haciendo bastante presión para que salga la leche del coco. Este líquido se mezcla con el resto del caldo. En un perol, a fuego suave, se dora la maizena en la mantequilla y se aclara poco a poco con la leche. Cuando esté disuelta, se le añade al caldo, se sazona con sal y pimienta y se pone a hervir a

fuego lento. A tiempo de servir se le agrega la crema de leche, se mezcla y cada plato se adorna con almendras tostadas.

pechugas de pollo en salsa de chachafrutos.

4 personas

1/2 libra de chachafrutos
previamentre cocinados y
pelados
4 pechugas de pollo
deshuesadas
2 cebollas cabezonas
medianas, ralladas
1/2 taza de pimentón verde
picado
1/2 taza de pimentón rojo
picado
1/2 taza de apio picado
3 cucharadas de perejil
picado

1 taza de champiñones
1/2 taza de crema de leche
3 cucharadas de mantequilla
y 2 de aceite
Pimienta y sal al gusto

Se sofríen las pechugas en la
mantequilla y el aceite. Se
cocinan en una olla con 2
tazas de caldo y aliño al
gusto. Cuando estén blandas
se sacan y se disponen, con
la mitad de los chachafrutos,
en una bandeja que se pueda
llevar al horno. Las verduras
(apio, pimentón,
champiñones y perejil) se
fríen en mantequilla 5
minutos y se agregan a las
pechugas. Se licúa el resto de
los chachafrutos con un poco
de caldo y se le añade la

crema de leche. Se vierte
sobre las pechugas. Se llevan
al horno por 20 minutos y se
sirven calientes.
Se pueden adornar con
chachafrutos fríos con sal*.

* Ver pág. 156

152

chachafrutos glaseados.

1 libra de chachafrutos
1 libra de azúcar granulada
2 cucharadas de glucosa
líquida

Se cubren los chachafrutos con agua y se cocinan 40 minutos o hasta que una aguja insertada en la base de uno de ellos penetre sin dificultad. Se disuelve el azúcar y la glucosa en el agua y se hierve hasta que el almíbar esté a punto de hilo. Se vierte en una refractaria, se deja enfriar, se sumergen los chachafrutos y se dejan reposar 2 horas. Se pone al baño de maría, cuando hierva se retiran los chachafrutos y se pone al fuego el almíbar hasta que quede un poquito más espeso. Se retira del fuego, se sumergen nuevamente los chachafrutos y se dejan entrapar durante 12 horas. Se repite este procedimiento dos veces más aumentando cada vez el espesor del almíbar. Se sacan y se ponen a escurrir en una malla durante 24 horas en un lugar caliente y seco. Se sirven como bombones.

cromeskis de mariscos en salsa indiana.

6 personas

masa para panqueques.

1 taza de harina de trigo cernida
1 pizca de sal
2 huevos
1/2 taza de agua
1/2 taza de leche
1 cucharada de mantequilla derretida

Se licúan todos los ingredientes, se dejan reposar un poco a temperatura ambiente y se hacen los panqueques.

salsa de coco.

3 tazas de leche
1 cubo de sustancia
1 cucharada de mantequilla
1 cucharada de salsa negra
1 1/4 tazas de harina de trigo
2 cucharadas de curry
1 1/4 tazas de vino blanco
1 cucharada de cebolla

cabezona rallada
2 tazas de coco fresco rallado
Sal y pimienta al gusto

Se sofríe la cebolla en la mantequilla, se disuelve la harina en la leche y se le agrega poco a poco sin dejar de revolver hasta que hierva: se le añade el resto de los ingredientes y se cocina durante 15 minutos.
A esta salsa se le mezclan:

100 gramos de camarón
100 gramos de chipi-chipi

100 gramos de calamar cortado en rodajas
50 gramos de róbalo
1 taza de coco rallado

Se revuelve todo con una cuchara de madera y se deja hervir por 10 minutos. En una bandeja untada de mantequilla se colocan los panqueques, se rellenan, se doblan y se rocían con la otra taza de coco. Se llevan al horno a 350° durante 15 minutos aproximadamente.

chontaduros con sal.

Se cocinan los chontaduros en
agua con sal por 40 minutos
aproximadamente, o hasta
que una aguja insertada en la
base de uno de ellos penetre
sin dificultad. Se pelan y se
acompañan con sal.

Variaciones:
Se pueden cocinar en agua
con panela o servirlos con
miel de abejas.

chachafrutos con sal.

Se cocinan los chachafrutos en agua con sal durante 40 minutos aproximadamente, o hasta que una aguja insertada en la base de uno de ellos penetre sin dificultad. Se pelan y se sirven con sal.

dulces de coco.

merengues.

3 claras de huevo batidas a
punto de nieve
3 cucharadas de azúcar
Coco rallado

Se mezclan las claras con el
azúcar y el coco. En una lata
aceitada se hacen los
merengues individuales y se
espolvorean con coco. Se
llevan al horno a 200° hasta
que empiece a dorar el
coco.

cocadas finas.

1 1/2 libras de azúcar
1 coco molido o rallado
2 cucharadas de maizena
1 taza de leche
1 cucharada de mantequilla
Canela en polvo

Se disuelve la maizena en la
leche, se mezclan todos los
ingredientes y se ponen a
cocinar, sin dejar de
revolver, hasta que dé punto
de bola*. Se retira del fuego,

se bate un poco, se ponen
cucharaditas sobre una
bandeja y se adornan con
hojuelas de coco y canela.

pasabocas.

1 tarro pequeño de leche
condensada
1 coco molido o rallado
1 huevo
Uvas pasas

Se mezclan los ingredientes,
se ponen por cucharadas en
una lata engrasada y se
llevan al horno a 250° hasta
que estén tostados.

* Ver pág. 80

sorbete real.

Esta es la forma tradicional en que se sirve en nuestras plazas
de mercado. Es una fruta de pulpa oscura y muy aromática.
Una cucharada de borojó enriquece cualquier jugo de frutas.
Normalmente en su corteza crece el hongo penicillium, que le
da un aspecto mohoso. Esto no es perjudicial para la salud.
Simplemente lave la fruta con agua fresca. Si el centro del
fruto presenta un color negro, retírelo cuidadosamente y
deséchelo. Lo demás es aprovechable. Para preparar el
sorbete, se licúan los siguientes ingredientes y se sirve
inmediatamente.

1 / 2 taza de leche bien fría
3 cucharadas de miel de abejas
1 huevo
1 copa de ron
1 cucharada de borojó.

frutas al horno.

Frutas de su elección
Mantequilla
Panela raspada

Se seleccionan las frutas que se quiera. Se parten en cuadritos, en bolitas y en rodajas. Se disponen en una vasija refractaria enmantequillada, se rocían con panela raspada y se les agrega unos pedacitos de mantequilla. Se llevan al horno a 350° durante 30 minutos.

fondue de frutas tropicales.

4 personas

1/4 de libra de chocolate
suave
1 taza de leche
1/2 frasco de crema de leche
Frutas partidas en pedazos

Se derrite el chocolate con la leche al baño de maría y luego se vierte en el recipiente para fondue. Se le añade la crema de leche y se mezcla bien. Las frutas se ofrecen en una bandeja con pinchos individuales para que cada comensal trinche el trozo de fruta que desee y lo sumerja en el chocolate derretido.

ensalada de tres reinas.

4 personas

2 aguacates
2 mangos
2 tajadas de piña en trozos
El jugo de 1 1/2 limones

Se parten los aguacates a lo largo, se les saca la carne con cuidado, se pican en pedazos se les rocía el limón. Se pelan y se pican los mangos, se mezclan con la piña y con los aguacates. Se pone la mezcla en las cáscaras de aguacate y se baña con una vinagreta deliciosa.

vinagreta deliciosa.

Se mezclan los siguientes ingredientes:

1/3 de pimentón finamente picado
1/3 de apio finamente picado
3 champiñones finamente picados
1 calabacín finamente picado
1/3 de zanahoria finamente picada

4 hojas de acedera finamente picadas
1/2 taza de limón
1/3 de taza de aceite de olivas
Pimienta negra recién molida
Sal al gusto

ensalada de frutas a la parmesana.

6 Personas

2 mangos
3 tajadas de piña
1 higo
3 tajadas de sandía
1 papaya pequeña
3 tajadas de melón
Uchuvas
Salsa parmesana

Se pelan y se pican las frutas en tajadas pequeñas. Se echan en un recipiente hondo. Se bañan con la salsa y por encima se les agrega el resto del queso. Se decora con las uchuvas y pétalos de rosa.

salsa parmesana.

1 frasco pequeño de mayonesa
1/4 de taza de jugo de cerezas
marrasquino
3 cucharadas grandes de
queso parmesano
1 cucharadita de mostaza

Se mezcla la mayonesa, con el jugo de las cerezas y 3 cucharadas de queso parmesano.

aspic de frutas.

Aspic es una gelatina que se usa como ensalada para
acompañar platos de sal. Utilice las frutas de su elección.

4 sobres de gelatina sin sabor
1 1/2 tazas de agua
1 taza de vino blanco
1 1/2 tazas de azúcar
Frutas picadas al gusto

Se disuelve la gelatina en 1/2 taza de agua fría y luego en
1/2 taza de agua hirviendo. Se le agrega el azúcar y el vino. Se
colocan las frutas en un molde humedecido. Se le agrega un
poco de gelatina y se deja reposar. Se pone una segunda capa
de frutas, se baña con gelatina y se deja reposar nuevamente.
Se agrega la tercera capa y se pone en la nevera. Se desmolda
y se decora al gusto.

Nota: mientras se arma el aspic, se debe mantener la gelatina
tibia para que no se cuaje.

Conservas caseras

Una despensa abastecida con conservas hechas en casa es algo muy agradable de tener, causa orgullo y refleja una afición por alimentos sanos y naturales. El objeto principal de conservar las frutas, consiste en que cuando se encuentran en cosecha, resultan más baratas y se les puede tener a mano en otras épocas del año y en ese momento serán sin duda de gran utilidad. Al empacarlas al vacío, las frutas no se dañan y se pueden conservar por un largo tiempo.

Método para empacar al vacío

Para elaborar las conservas se recomienda seguir los siguientes pasos:

A. Esterilización de envases y tapas.

Se coloca una parrilla de alambre en una olla grande. Si no se tiene parrilla, se coloca un limpión en el fondo de la olla, con el fin de que los frascos y las tapas no toquen el fondo. Estos últimos se ponen boca abajo sobre la parrilla o el limpión. Se vierte agua en la olla hasta que su nivel llegue a la mitad de los frascos. Se tapa, se pone al fuego y se deja hervir durante 10 minutos si los

frascos son nuevos, y 15 si son usados. Las tapas y los frascos esterilizados sólo se sacan de la olla en el momento mismo del envase.

B. Selección de la fruta.

Se selecciona la fruta de la mejor calidad y en su punto máximo de madurez. Es importante retirar cualquier parte dañada de las mismas.

C. Lavado de la fruta.

Se lavan con cuidado las frutas que se desean envasar.

D. Precocida.

Se pasan las frutas por agua hirviendo e inmediatamente se remojan en agua fría.

Este proceso sirve para darle el volumen final a la fruta, inactivar enzimas, reducir bacterias y fijar el color.

E. Llenado.

Se llenan los frascos hasta 1 cm. por debajo del cuello.

F. Empaque al vacío.

1. Los frascos debidamente llenos se colocan en una olla de doble fondo, con agua hasta más o menos la mitad de la altura de los envases. Se ponen a hervir hasta que se caliente el contenido y salga, así, todo el aire.

2. Con un palito se remueve el contenido de cada frasco con el fin de expulsar las burbujas de aire, que aún quedan.

3. Es indispensable limpiar perfectamente la boca de los frascos con el fin de eliminar los residuos de fruta, ya que podrían dejar pasar aire y dañar así la conserva.

4. Se cierran los frascos y se ajusta la tapa con presión moderada.

G. Esterilización.

1. Proceso de baño maría.

Se colocan los frascos tapados dentro de la olla y, para evitar que revienten, se cubren con agua a la temperatura de los mismos, hasta 2 cm. por encima de la tapa. Se pone a calentar el agua y, cuando comience a hervir, se tapa la olla y se empieza a contar el tiempo exacto de esterilización del producto que se envasa, 2 minutos por cada 333 metros sobre el nivel del mar.

2. Proceso de olla a presión.

Si este proceso se realiza en olla a presión es importante tener en cuenta que el agua debe cubrir 1/4 de la altura de la olla.

H. Procesos finales y revisión.

1. Modo de sacar los envases.

Los envases de vidrio se sacan de la olla tomándolos por el cuello, no por la tapa. Se ponen en un lugar seco evitando las corrientes de aire directas. Lo ideal es colocarlos sobre madera.

Cuando los frascos ya estén fríos, se limpian bien por fuera, se les coloca la etiqueta con el nombre del producto y la fecha en que se envasaron.

2. Revisión de las conservas.

La primera revisión debe hacerse a las 3 horas, o cuando el frasco esté frío, para asegurarse de que estén herméticamente sellados y mantengan el vacío. Entonces se hace una prueba: la tapa tiene dos partes, tapa plana y borde con rosca; se quita el borde y se intenta levantar el frasco cogiéndolo sólo por los bordes de la tapa. Si la tapa se desprende, el producto no está bien empacado al vacío y debe ponerse en la nevera para consumirse pronto. Se efectúa una segunda revisión al tercer día, para observar y establecer si las tapas están bien ajustadas y existe el vacío. Se procede, entonces, a almacenar los frascos de conservas en un lugar oscuro para evitar la decoloración. La tercera revisión se hace a los 15 días y la cuarta a los 30.

I. Síntomas de descomposición.

Las conservas que por cualquier descuido se han descompuesto, se conocen fácilmente porque:
a. Se enturbia el líquido
b. Cambia de color
c. Se abomba la tapa del frasco.
d. Se ven dentro del frasco burbujas de fermentación de abajo hacia arriba. Al destaparlo se siente un olor diferente al del producto empacado y se observa corrosión en la tapa.

J. Tiempo de almacenamiento.

Aunque la mayoría de las conservas, si quedan debidamente procesadas, pueden durar más de un año, es mejor no mantenerlas por más tiempo.

Las frutas se conservan muy bien en almíbar. Según lo que se desee preparar, se pueden utilizar diferentes tipos de almíbares:

Punto de hilo

Para 1 taza de agua, 1/2 taza de azúcar. Se pone a cocinar a fuego moderado. Se prueba varias veces hasta que al envolver un poco de almíbar en una cuchara y al dejarlo escurrir, se vea caer en forma de hilo.

Punto de hoja

Para 1 taza de agua, 1 taza de azúcar. Se pone a cocinar a fuego moderado. Se prueba varias veces hasta que al envolver un poco de almíbar en una cuchara y al dejarlo escurrir, se forme una hoja.

Punto de bola

Para 1 taza de agua 1 1/2 tazas de azúcar. Se pone a cocinar a fuego moderado y se prueba dejando caer un poco de almíbar en un vaso de agua fría, hasta que se pueda formar una bola con los dedos.

Punto de caramelo

Con la misma proporción del punto de bola, se cocina el almíbar hasta que al dejar caer un poco en un vaso de agua fría se forme un hilo cristalizado.

Congelados

*U*na regla absoluta: un producto —cualquiera que sea— que se haya descongelado, no debe jamás volverse a congelar.

Frutas naturales

1. Se lavan muy bien las frutas; se rocían de limón si la variedad tiene tendencia a negrearse con el aire, como ocurre, por ejemplo, con los bananos y las manzanas.

2. Se cortan en trozos y se colocan en un plato, disponiéndolas en una sola capa.

3. Se cubren con un papel de aluminio y se colocan en el congelador por 3 horas.

4. Se retiran y se empacan en talegos plásticos, calculando la porción que luego se va a utilizar. Se cierran herméticamente, sacándoles el aire.

5. Se etiquetan y se escribe el nombre y la fecha.

Congelación de frutas con azúcar

Se ponen las frutas en trozos dentro de cajas o talegos plásticos y se añade azúcar a razón de 100 gramos por cada kilo de fruta.

Congelación de frutas en almíbar

1. Se colocan las frutas en trozos dentro de una caja plástica.

2. Se cubren con un almíbar hecho de 250 gr de azúcar disueltos en 1 litro de agua fría.

3. Se cierra herméticamente la caja, se pone la etiqueta y se congela.

Para servirlas, se dejan descongelar con anticipación pero no por mucho tiempo. Al momento de servirlas deben estar bien frías para que no se ablanden.

Congelación de jugos

Cuando hay una fruta en cosecha, es barata, abundante y de buena calidad, es ideal sacar el jugo concentrado, agregarle azúcar, si se quiere, y vitamina C.

Se sirve en vasos o bolsas plásticas, que se etiquetan y se congelan.

Las frutas debidamente congeladas se pueden conservar hasta 8 meses.

Índice alfabético

Bibliografía

FEDERACION NACIONAL DE CAFETEROS DE COLOMBIA. Fruticultura tropical. Recopilación de las conferencias dictadas en el curso de fruticultura celebrado en el CIAT, Palmira, agosto de 1982. Ibagué, Litografía Atlas, 1985.

FEDERACION NACIONAL DE CAFETEROS DE COLOMBIA. Normas para la producción casera de Conservas de Frutas y Hortalizas. Bogotá, Departamento de Mercadeo. Sección de Tecnología de Alimentos, s.f. Folleto.

GARCIA BARRIGA, H. Flora medicinal de Colombia. Bogotá, Talleres Editoriales de la Imprenta Nacional, 1974-1975. 3 vols.

HERNANDEZ F., E. Manual práctico de cocina para la ciudad y el campo. Medellín, Félix Bedout, 1954.

INSTITUTO COLOMBIANO DE BIENESTAR FAMILIAR. Tabla de composición de alimentos colombianos. Bogotá, Talleres de la Sección de Publicaciones del ICBF, 1978.

PATIÑO, V. M. Plantas cultivadas y animales domésticos en América equinoccial. Cali, Imprenta Departamental, 1969-1974. Vols. IV y VI.

PEREZ ARBELAEZ, E. Plantas útiles de Colombia. Bogotá, Litografía Arco, 1978.

POSADA SOTO, H. Recetas de cocina de la señorita Faustina Posada Villa. Medellín, F.P.I., 1949.

ROMERO CASTAÑEDA, R. Frutas silvestres de Colombia. Bogotá, Editorial San Juan Eudes, 1961. 2 vols.

SARMIENTO GOMEZ, E. Frutas en Colombia. Bogotá, Ediciones Cultural, 1989.

TORRES, R. y RIOS, D. Frutales. Manual de asistencia técnica No. 4. Bogotá, ICA, 1980. 2 vols.